Juan Carlos Ortiz

GOTT IST NÄHER ALS DU DENKST

Juan Carlos Ortiz

GOTT
IST NÄHER
ALS DU
DENKST

Verlag C. M. Fliß
Lütt Kollau 17, 22453 Hamburg

Originaltitel: God is closer than you think
Umschlag: image design
Satz: Convertex, Aachen
Druck: Printed in Germany
1. Auflage 1995
© by Juan Carlos Ortiz,
    published by Servant Publications, Ann Arbor, Michigan
© der deutschsprachigen Ausgabe
    by Verlag C. M. Fliß, Lütt Kollau 17, 22453 Hamburg

ISBN 3-922349-96-X

Wir informieren Sie gern über unser Gesamtprogramm.
Postkarte genügt:
Verlag C. M. Fliß, Postfach 61 04 70, 22424 Hamburg

Inhalt

1 ‖ *Gott ist in uns*

»Alle mal herhören!« rief der Mann mit dem feurigen Blick in der jüdäischen Wüste. »Das Reich der Himmel ist nahe herbeigekommen! Tut Buße, damit es euch gutgeht!«

Johannes der Täufer war anders als die meisten Juden. Obwohl er sich in Kamelhaar kleidete und aß, was die Wüste bot, zog er trotzdem die normalen, ehrbaren Bürger Jerusalems und sogar Menschen von noch weiter her in Scharen an, so daß sie zu ihm an den Jordan kamen. Etliche bekannten ihre Sünden und ließen sich taufen. Ihr Glück war, daß sie glaubten, daß Johannes mit seinen Aussagen über das Himmelreich recht hatte.

Die größte Bestätigung für Johannes war jedoch, daß eines Tages der Messias zu ihm kam, um sich taufen zu lassen. Der Himmel öffnete sich, der Heilige Geist kam in Gestalt einer Taube hernieder und ließ sich auf dem Zimmermann aus Nazareth nieder. Dann sprach eine Stimme aus dem Himmel: »Dieser ist mein geliebter Sohn, an dem ich Wohlgefallen gefunden habe« (Matthäus 3,17).

Von diesem Augenblick an wuchs das Reich Gottes. Es gab keine festgeschriebenen Grenzen, keine verbriefte Staatsangehörigkeit und auch keine ausgrenzenden Schutzwälle. Hätte man jedoch eine geistige Volkszählung vornehmen können, dann wäre einem bestimmt etwas Merkwürdiges aufgefallen, viel phantastischer als irgendein Science-fiction-Roman: Dieser ungekrönte König hinterließ in jedem seiner Nachfolger ein kleines Stückchen von sich selbst, ein geistliches Samenkorn. Und dieser Same wuchs. In der Tat, er konnte nicht sterben, solange sein Besitzer ihn pflegte.

Der Mensch Jesus starb und wurde begraben. Doch nach drei Tagen stand er wieder auf, erschien vielen Leuten und ging bald darauf zurück in den Himmel. Aber sein Reich blieb hier auf der Erde – nicht in Gebäuden, nicht in militärischer Macht, und auch nicht in einer bürgerlichen Regierung, sondern genau da, wo es begonnen hatte: in den Herzen von Männern und Frauen.

Das Ganze wäre wohl ein unergründliches Geheimnis geblieben, wenn Gott nicht beschlossen hätte, sein Volk in die Sache einzuweihen. Der Apostel Paulus schrieb an die Christen in Kolossä, daß Gott ihn beauftragt habe, »das Wort Gottes in Vollkommenheit zu predigen, nämlich das Geheimnis, das von den Weltzeiten und von den Geschlechtern her verborgen war, jetzt aber seinen Heiligen geoffenbart worden ist. Ihnen wollte Gott kundtun, was der Reichtum der Herrlichkeit dieses Geheimnisses unter den Nationen sei, und das ist: Christus in euch, die Hoffnung der Herrlichkeit« (Kolosser 1,25-27).

Christus in euch, die Hoffnung der Herrlichkeit. Die Hoffnung des Vaters, die Hoffnung der Engel, die Hoffnung der Propheten, die Hoffnung des Reiches Gottes ist Christus *in uns.* Alle Zeitalter und Generationen vor Jesus haben auf den Tag hingewiesen, an dem Gott seine Forderungen nicht mehr in Stein gemeißelt, von einer umwölkten Bergspitze oder in einem prunkvollen Tempel kundtun, sondern sie seinem Volk direkt ins Herz schreiben würde. Und genau das hat er getan. Christus leiht sich unsere Herzen nicht für ein paar Monate oder für ein paar Stunden die Woche aus. Er hat uns zu einer »Eigentumswohnung« gemacht, in der er persönlich residiert.

Genau darum geht es in diesem Buch.

Das hat nichts Erschreckendes an sich, ist weder traurig noch unerreichbar. Ganz im Gegenteil. Wir wollen uns ein wenig näher mit diesem »lebendigen Motor« befassen, den Gott in unseren Leib hineingegeben hat, um sein Reich, das so nahe gekommen ist, weiter auszudehnen. Paulus schreibt: »Gott ist es, der in euch wirkt sowohl das Wollen als auch das Wirken zu

seinem Wohlgefallen« (Philipper 2,13). Möchtest du, daß Gottes
guter Plan in deinem Leben sichtbar wird? Dann mußt du als
erstes erkennen, daß er wirklich da ist.

Versteckspiel

Im Alten Testament war Gott irgendwo. Ich bin nicht sicher, ob
überhaupt jemand genau wußte, wo er sich befand, aber allen
war klar, daß er weder in Judäa noch in Samaria zu finden war.
»Ich hebe meine Augen *auf* zu den Bergen«, sagte man, oder:
»Hebt eure Hände *auf* zum Heiligtum.« Die Erde war zwar sein
Fußschemel, aber wo genau stand sein Stuhl? Sicher, Gott war
im Himmel, aber wo war der Himmel – abgesehen von »oben«?

Weil Gott so weit weg war, mußte man sich große Mühe
geben, um ihn zu finden. Und, was noch schlimmer war, man
wußte nie, ob er auf das Rufen der Menschen antworten würde.
»Sucht den Herrn, während er sich finden läßt!« (Jesaja 55,6).

Wenn man ihn aber wirklich einmal fand – oder wenn er
einen fand –, mußte man sicher sein, daß man mit reinem
Angesicht und bezahltem Gelübde vor ihm erschien. Er kam
meistens in Form von Wind, Feuer, Sturm und Blitz. Er hatte
keine Skrupel, durch großes Getöse und eine laute Stimme die
Aufmerksamkeit zu erregen. Seinem Volk war es ganz recht,
diesem Gott nicht zu nahe kommen zu müssen. »Rede nur zuerst
mit Mose, der kann uns dann mitteilen, was du gesagt hast.«
Wenn Gott donnerte, bedurfte es keiner großen Überzeugungs-
kraft, dem Fuß des heiligen Berges fernzubleiben. Gott war eben
ein großes Geheimnis, fern und unnahbar.

Mit dem Kommen Jesu änderte sich das schlagartig. Nicht,
daß Gott der Vater sich verändert hätte. Er vereint nach wie vor
Gnade und Gericht, Barmherzigkeit und ehrfurchtgebietende
Macht in einer Person. Aber Jesus hat der Beziehung zwischen
Gott und seinem Volk eine ganz neue Dimension verliehen.
Früher waren die Menschen immer auf der Suche nach Gott; nun
aber ist es möglich, Gottes Gegenwart innewohnend zu besitzen.
In einem Bild ausgedrückt: Im Alten Testament pflegte Gott in
einem Wirbelsturm zu erscheinen, aber in Jesus hat er still und
leise neben uns Platz genommen.

Dieser Unterschied war es, der den Schreiber des Hebräer-
briefes erfüllte:

»Denn wenn jener erste Bund tadellos gewesen wäre, so wäre kein Raum für einen zweiten gesucht worden. Denn tadelnd spricht er zu ihnen: ›Siehe, es kommen Tage, spricht der Herr, da werde ich mit dem Haus Israel und mit dem Haus Juda einen neuen Bund schließen, nicht nach der Art des Bundes, den ich mit ihren Vätern machte an dem Tag, da ich ihre Hand ergriff, um sie aus dem Land Ägypten herauszuführen; denn sie blieben nicht in meinem Bund, und ich kümmerte mich nicht um sie, spricht der Herr. Denn dies ist der Bund, den ich mit dem Haus Israel nach jenen Tagen schließen werde, spricht der Herr: Meine Gesetze gebe ich in ihren Sinn und werde sie auch auf ihre Herzen schreiben.‹« *Hebräer 8,7-10*

Die Gebote sollten nicht länger Briefe eines Gottes aus einem fernen Weltall sein, in Stein gemeißelt oder auf eine Schriftrolle gekritzelt. Nein, Gott wollte seinen Willen und guten Plan seinem Volk unmittelbar ins Herz geben. Seine Gebote sollten nicht mehr von einem Ohr in den Kopf gehen, wo sie genauso leicht durch das andere Ohr wieder hinausrutschen konnten, sondern sie sollten in die Herzen von Männern und Frauen eingeschrieben werden. Und aus diesem veränderten Herzen heraus, aus dem Inneren der Menschen, wollte Gott sich offenbaren. Der Hebräerbriefschreiber fährt fort:

»›Und ich werde ihr Gott und sie werden mein Volk sein. Und nicht werden sie ein jeder seinen Mitbürger und ein jeder seinen Bruder lehren und sagen: Erkenne den Herrn! Denn alle werden mich kennen, vom Kleinen bis zum Großen unter ihnen. Denn ich werde ihren Ungerechtigkeiten gnädig sein, und ihrer Sünden werde ich nie mehr gedenken.‹ Indem er von einem ›neuen‹ Bund spricht, hat er den ersten für veraltet erklärt; was aber alt ist und sich überlebt hat, ist dem Verschwinden nahe.«
Hebräer 8,10-13

Das Gesetz Moses war gut – gut für jene Zeit. Es war ein Schatten, den das reine Licht aus Gottes Ewigkeit auf etwas warf, was noch nicht vollständig zu sehen oder zu begreifen war

– etwas Zukünftiges, von dem die Propheten redeten. Wir wissen heute, daß dieses Etwas der neue Bund war. Sobald Jesus diesen neuen Bund aufgerichtet hatte, war der frühere veraltet. Er wurde nicht gebrochen und auch nicht für ungültig erklärt. Dieser wunderbare alte Bund, von Gott selbst eingesetzt, ging lediglich von der Gegenwart in die Geschichte über, als der neue, bessere Bund in Kraft trat.

Der größte Unterschied besteht darin, daß Gott nicht länger im Schatten wohnt. Mag er früher auch fern und unnahbar gewesen sein, so merken wir als Kinder des Lichts nun, daß er nicht nur unter uns, sondern im Inneren unseres Herzens Wohnung genommen hat.

Lebendige Steine

Die Stiftshütte im Alten Testament und später der Tempel waren strikt für Gott da, nicht für sein Volk. Die Stiftshütte war nur ca. 25 mal 50 Meter groß, während das Volk Israel in die Millionen zählte. Der Platz hätte also niemals ausgereicht, um die Leute zur Sabbatfeier unterzubringen, selbst wenn man einen Früh- und einen Spätgottesdienst eingerichtet hätte. Es gab weder Stühle noch Bänke in der Stiftshütte. Vielmehr lag die Betonung auf dem Altar, den Opfern sowie dem Heiligtum und Allerheiligsten. Durch die Opfer wurde Gott angerufen, der sich im Feuer kundtat, um seine Gegenwart den Menschen zu offenbaren.

Die obenerwähnten Gebäude waren ein Symbol für das eine wahre Bauwerk, das Jesus errichten würde. Als der Herr mit der Frau am Jakobsbrunnen sprach, wollte sie ihn in eine Diskussion über das Thema verwickeln, ob die wahre Anbetung auf dem Berg Garizim oder in Jerusalem stattfinden müsse. Die Antwort Jesu ist erstaunlich: weder da noch dort. »Es kommt aber die Stunde und ist jetzt, da die wahren Anbeter den Vater in Geist und Wahrheit anbeten werden; denn auch der Vater sucht solche als seine Anbeter« (Johannes 4,23).

Ich sehe Jesus förmlich vor mir, wie er mit der Hand über die massigen Quadern des Tempels strich in dem Wissen, daß dieser Tempel einen der größten Wendepunkte in der gesamten Menschheitsgeschichte verkörperte. So oder ähnlich mag der Herr gedacht haben: »Du guter Tempel, bis jetzt bist du ein

Symbol jenes Tempels gewesen, den ich errichten werde. Nun ist dieser Zeitpunkt gekommen. Danke für deinen Dienst, daß du das große Werk, vom Vater geplant, vorgeschattet hast. Leb wohl!«

Nachdem Jesus den Pöbel aus dem Tempel hinausgetrieben hatte, verwirrte er die Juden, die ein Zeichen von ihm forderten, um seine Autorität unter Beweis zu stellen, mit den Worten: »Brecht diesen Tempel ab, und in drei Tagen werde ich ihn aufrichten« (Johannes 2,19). Seine Feinde verstanden das nicht. Und ich bin mir nicht sicher, ob die meisten von uns es wirklich verstehen. Jesus sprach ja nicht nur in verschlüsselter Form von seinem Tod und seiner Auferstehung nach drei Tagen. Er sprach von einem Bauwerk ohne Ziegel, einem Gebäude ohne tote Steine, einem Bindemittel stärker als Mörtel. Jesus sprach von seinem Leib, von dir und von mir. Es ist ein Bauwerk, das aus lebendigen Steinen besteht.

Zu Pfingsten hat er dieses neue Gebäude eingeweiht. Genau wie bei den Einweihungsfeierlichkeiten im Alten Testament, kam auch hier Feuer vom Himmel – diesmal aber nicht auf das Dach des Gebäudes, sondern auf das »Dach« der Menschen: Feuerzungen auf ihre Häupter. Es war, als wolle Gott sagen: »Von nun an werde ich hier, direkt unter den Menschen wohnen.« Deshalb kümmerten sich die ersten Christen auch so wenig um Kirchengebäude. Sie hatten den Wechsel vom alten zum neuen System begriffen und wollten die Uhrzeiger nicht zurückdrehen. Sie nahmen die Gegenwart Gottes mit sich, egal, wo sie hingingen.

Immer noch nahe

Wie steht es mit uns – nehmen wir Gott ebenfalls mit, egal, wo wir hingehen? Oder lassen wir uns von unseren Kirchengebäuden, die so groß und prachtvoll sind, so voll guter Lehre und freudiger Anbetung, zu der Annahme verleiten, Gott tausche unseren kleinen, nichtssagenden Körper nur zu gern mit der großen Kathedrale?

Vielleicht sollten wir ein wenig über die Botschaft nachdenken, die Johannes der Täufer einst verkündigte. Dabei muß uns klar sein, daß er kein Marktschreier war, der ein vorübergehendes Sonderangebot anpreisen wollte, der rief: »Bitte, treten Sie näher, meine Herrschaften! Das Reich der Himmel ist nahe gekommen. Unterschreiben Sie schnell Ihren Mitgliedsausweis, solange Sie die Möglichkeit dazu haben! Dieses Angebot erhalten Sie weder in Bethanien noch in Bethsaida. Wenn Sie am Himmelreich interessiert sind, meine Herrschaften – nur für begrenzte Zeit, hier am Jordan!«

Ich nehme an, alle Christen *glauben* – oder behaupten zumindest zu glauben –, daß Christus in uns lebt, daß das Reich der Himmel in unseren wiedergeborenen Geist hineinreicht.

Aber oft *handeln* wir nicht dementsprechend. Wir leben so, als sei Gott ganz weit weg, friedlich schlafend im Himmel oder auf Urlaubsreise, bis zu seinem nächsten Gastspiel am kommenden Sonntag in der Kirche. Jedoch: Das Erdenleben Jesu mag zwar zu Ende sein, aber das Himmelreich hat sich weder nach Ostern noch nach Pfingsten verflüchtigt. Derselbe Mann, der verkündete, daß dieses Reich nahe gekommen sei, prophezeite auch, daß der Heilige Geist kommen werde: »Der nach mir kommt, ist stärker als ich, dessen Sandalen zu tragen ich nicht würdig bin; er wird euch mit Heiligem Geist und Feuer taufen« (Matthäus 3,11). Als Jesus kam, vervollständigte er diese Aussage: »Ich werde den Vater bitten, und er wird euch einen anderen Beistand (oder: Fürsprecher, Helfer) geben, daß er bei euch sei in Ewigkeit, den Geist der Wahrheit, den die Welt nicht empfangen kann, weil sie ihn nicht sieht noch ihn kennt. Ihr kennt ihn, denn er bleibt bei euch und wird in euch sein« (Johannes 14,16-17). Das Reich Gottes war damals nahe und ist es auch heute. Jesus hat versprochen, wenn der Heilige Geist gekommen sei, »wird er euch in die ganze Wahrheit leiten; denn er wird nicht aus sich selbst reden, sondern was er hören wird, wird er reden, und das Kommende wird er euch verkündigen« (Johannes 16,13).

Das also ist es, was Jesus seinen Nachfolgern »vererbt« hat: einen Ratgeber, der sie führen, mit ihnen reden, ihnen Dinge offenbaren und in ihnen wohnen soll. Wir wollen sehen, was es bedeutet, ihm Freiheit zu geben.

2 | *Bleibende Kraft*

Die Frau am Brunnen in Samaria wunderte sich. Normalerweise wollten die Juden nichts mit den Samaritern zu tun haben – aber hier war ein Jude, der sie sogar bat, ihm etwas zu trinken zu geben! Doch die Unterhaltung sollte noch merkwürdiger werden.

»Wenn du die Gabe Gottes kennen würdest und wer es ist, der zu dir spricht: Gib mir zu trinken, so hättest du ihn gebeten, und er hätte dir lebendiges Wasser gegeben«, sagte Jesus.

Mit dem »lebendigen Wasser« wußte die Frau nicht viel anzufangen, und so wies sie zunächst darauf hin, daß der Fremde ja gar kein Schöpfgefäß habe. Trotzdem war ihre Neugier geweckt, und sie fuhr fort: »Woher hast du denn das lebendige Wasser?«

Die Antwort Jesu lautete: »Jeden, der von diesem Wasser trinkt, wird wieder dürsten; wer aber von dem Wasser trinken wird, das ich ihm geben werde, den wird *nicht* dürsten in Ewigkeit; sondern das Wasser, das ich ihm geben werde, wird in ihm eine Quelle Wassers werden, das ins ewige Leben quillt« (Johannes 4,10-14).

Eine Quelle ewigen Lebens: Welch ein wunderbares Bild für das neue Leben, das in uns sprudelt! Kein schales, abgestandenes Wasser aus einem tiefen, dunklen Brunnen, von dem man

nur mit viel Schweiß und Anstrengung überhaupt einen Eimer
voll bekommt. Sondern eine Quelle frischen Wassers – spru-
delnd, glucksend, fließend, kühl und erfrischend – so nahe, wie
man nur will, die den Durst auf ewig stillt.

Man braucht kein besonderes Grundstück, um diese wunderbare Quelle zu besitzen. Wer Jesus Christus annimmt, bekommt
sie automatisch. Und weil diese geistliche Quelle in dir ist, sind
die Möglichkeiten dessen, was Gott durch dich tun kann, unbegrenzt. Er möchte nichts anderes, als den Strom zum Fließen zu
bringen.

Den Helfer helfen lassen

Wir wollen uns noch einige weitere Unterschiede zwischen dem
Alten und dem Neuen Testament anschauen. Ein besonderer
Segen Gottes im Alten Testament war die sogenannte »Salbung«. Die Priester wurden gesalbt, ebenfalls viele Gegenstände. Es war eine vorübergehende, auf den speziellen Anlaß zuge-
schnittene Situation, ungefähr so, wie ein Model vor dem
Auftritt sein Make-up auflegt. Salbung läßt an fließendes Öl
denken, an eine Kraftausrüstung, die von außen über den Kopf
gegossen wird.

Nach der Auferstehung Jesu spricht die Bibel nicht mehr oft
von »salben«. Das entsprechende Wort im Neuen Testament
heißt »erfüllen«. Gottes Gegenwart ist nicht länger etwas, was
kommt und geht, sondern er hält bleibenden Einzug bei uns. Er
kommt auch nicht *auf* oder *über* uns, sondern *in uns hinein. Er
wohnt in uns.*

Womit werden wir denn nun eigentlich erfüllt? Wie wir im
letzten Kapitel sahen, versprach Jesus den Jüngern vor seinem
Weggehen, ihnen einen Helfer oder Beistand zu senden. Dieser
Beistand ist der Heilige Geist. Er sollte sie nach den Worten Jesu
»alles lehren«.

Wirklich *alles*? Ein gewaltiges Wort – aber es stimmt! Welche Möglichkeiten darin enthalten sind, werden wir besser begreifen, wenn wir uns Hesekiel 36,26-27 anschauen. Hier haben
wir die Verheißung des Vaters, die zu Pfingsten in Erfüllung
ging, als die erste Ausgießung des Heiligen Geistes im Neuen
Testament stattfand. »Und ich werde euch ein neues Herz geben
und einen neuen Geist in euer Inneres geben; und ich werde das

steinerne Herz aus eurem Fleisch wegnehmen und euch ein fleischernes Herz geben. Und ich werde meinen Geist in euer Inneres geben; und ich werde machen, daß ihr in meinen Ordnungen lebt und meine Rechtsbestimmungen bewahrt und tut.«

Das größte Problem der Menschen – einschließlich der Israeliten – war immer ihre Unfähigkeit gewesen, den Willen Gottes zu tun. Hier nun wurde die entscheidende Veränderung angekündigt: Es würde etwas geben, was die rebellischen Nachkommen Adams veranlassen würde, den Geboten Gottes Folge zu leisten. Wer war der Initiator dieses merkwürdigen Ereignisses? Gott selbst, durch die Innewohnung seines Geistes.

Allerdings erleben viele Christen in bezug auf die Fähigkeit, Gottes Willen zu tun, etwas ganz anderes. Sie geben viel zu schnell auf und hissen bereits vor Kampfbeginn die weiße Fahne. »Wir sind allzumal Sünder«, sagen sie. »Wir sind zwar geistlich, tragen aber immer noch das Fleisch mit uns herum. Ich bin eben nicht vollkommen, nur erlöst.« In dem allen ist natürlich etwas Wahres enthalten. Trotzdem müssen wir uns fragen: Wozu hat Gott uns seinen Geist gegeben? Etwa nur, um sagen zu können: Ich habe auch den Heiligen Geist? Nein. Es gibt vielmehr einige ganz praktische Gründe. Einer davon ist, daß *der Geist uns helfen wird, Gott zu gefallen, wenn wir ihm vertrauen.* »Und ich werde meinen Geist in euer Inneres geben; und ich werde machen, daß ihr in meinen Ordnungen lebt und meine Rechtsbestimmungen bewahrt und tut.« Gott verspricht mir, daß ich in der Lage sein werde, so zu leben, wie er es haben will. Es ist demzufolge möglich, ein siegreiches Leben zu führen.

Mit anderen Worten: Wir können heilig sein. Diese Heiligkeit hat nichts mit Anstrengung zu tun, sondern mit Gnade. Der in uns ist, veranlaßt uns, der Gerechtigkeit gehorsam zu sein.

Vom Gesetz zur Verheißung

Einer der Gründe, weshalb wir fähig sind, in der Gerechtigkeit zu wandeln, liegt in einer weiteren Veränderung zwischen dem Alten und dem Neuen Bund – vom Gesetz zur Verheißung. Was einmal göttliche Gesetze waren, die vom Himmel her gegeben wurden, will Gott nach seiner Zusage nun in unsere Herzen schreiben. Er hat versprochen, seinen Geist in unser Inneres zu geben. Und diesem Helfer ist es zu verdanken, daß wir seine Rechtsbestimmungen bewahren und tun.

Petrus beschreibt es so:

> »Da seine göttliche Kraft uns alles zum Leben und zur Gottseligkeit geschenkt hat durch die Erkenntnis dessen, der uns berufen hat durch seine eigene Herrlichkeit und Tugend (oder: Vollkommenheit), durch die er uns die kostbaren und größten Verheißungen geschenkt hat, damit ihr durch sie Teilhaber der göttlichen Natur werdet, die ihr dem Verderben, das durch die Begierde in der Welt ist, entflohen seid ...« *2. Petrus 1,3-4*

Wenn ich also jetzt lese: »Du sollst nicht ehebrechen«, lese ich ungefähr folgendes: »Gott verspricht mir, daß ich nicht ehebrechen werde. Er verspricht mir, daß meine Gedanken erlöst sind, und wenn ich eine schöne Frau sehe, kann ich mich abwenden bzw. ich brauche den fleischlichen Gedanken keinen Raum zu geben.« Ich will nicht behaupten, daß ein geisterfüllter Christ gegen Ehebruch, böse Begierde oder jede fleischliche Versuchung gefeit ist. Aber Gott hat für uns einen Ausweg aus dem allen geschaffen! Eine seiner größten Verheißungen ist nach den Worten des Apostels Petrus die Tatsache, daß wir Teilhaber der Natur Gottes werden können – und die ist bekanntlich göttlich, nicht fleischlich. Weil das so ist, können wir dem Verderben, das diese Welt durchdringt, entfliehen. Nun gibt es leider immer wieder Menschen, die gar nicht entfliehen *wollen*. Das Rettungsboot liegt direkt vor ihrer Nase, aber sie zögern bewußt, einzusteigen. Deshalb brauchen sie sich nicht zu wundern, wenn sie mitsamt dem Schiff untergehen.

Manche Leute verlieren angesichts der vielen Gebote im Neuen Testament den Mut. »Gebote und nochmals Gebote«, seufzen sie. »Ich dachte, wir wären nicht mehr unter dem Gesetz, sondern unter der Gnade.« Gewiß, wir leben unter der Gnade. Die Gebote sind nichts anderes als Verheißungen, die von der Gnade gegengezeichnet sind. Im Alten Testament bestand wenig Aussicht, daß irgendein Mensch das Gesetz vollständig erfüllen konnte. Aber das hat sich durch Jesus grundlegend geändert. Für uns Christen stehen die Chancen gut, denn es lebt einer in uns, der den Gehorsam zum Natürlichsten auf dieser Welt macht. Gott möchte, daß unser Leben umgestaltet wird in sein Bild.

Natürlich ist diese Gnade kein Freibrief für uns zum Sündigen, auch wenn wir wissen, daß wir nach Buße und Bekenntnis Vergebung erlangen dürfen. Schon Paulus schreibt: »Sollten wir in der Sünde verharren, damit die Gnade überströme? Das sei ferne! Wir, die wir der Sünde gestorben sind, wie sollten wir noch in ihr leben?« (Römer 6,1-2). Nein, *Gnade ist die Fähigkeit, die Gott uns schenkt, nicht zu sündigen.* Der Schwerpunkt liegt dabei nicht auf deinen Bemühungen, ein guter Christ zu sein. Du kannst auch nicht mit deiner Heiligkeit prahlen, denn es ist Christus, der in dir arbeitet.

Kraftbetrieben

Als junger Mann lebte ich in meiner Heimat Argentinien. Das alte Auto, das wir damals besaßen, hatte weder eine Servolenkung noch einen Bremskraftverstärker. Wir waren schon froh, daß der Motor lief!

Einmal war ein amerikanischer Missionar bei uns zu Besuch. Er war dabei, als ich versuchte, das Auto in eine Parklücke in der Innenstadt zu quetschen. Stöhnend und schwitzend mühte ich mich mit dem Lenkrad ab und versuchte, das verhältnismäßig große Gefährt in eine kleine Lücke hineinzumanövrieren.

Der Missionar sagte: »Bruder Ortiz, wußtest du schon, daß wir in Amerika Autos mit Servolenkung und Bremskraftverstärker haben?«

»Servolenkung?« fragte ich erstaunt. »Was ist denn das?«

»Wenn du die hast, macht es überhaupt keine Mühe, am Lenkrad zu drehen«, erwiderte er.

»Nein, so was«, sagte ich.

»Genauso ist es mit dem Bremskraftverstärker«, fuhr er fort. »Damit läßt sich der Wagen mühelos anhalten.«

»Wie ist so etwas möglich?« meinte ich zweifelnd.

»Ganz einfach, der Motor strengt sich für uns an.«

Ich konnte es immer noch nicht recht glauben. Aber – so sagte ich mir – dieser Mann war Missionar, er würde mich bestimmt nicht anlügen! Da ich nicht noch unwissender erscheinen wollte, als ich ohnehin war, sagte ich nichts mehr.

Trotzdem ging mir die Sache nicht mehr aus dem Sinn. »Woher weiß der Motor, wann ich das Lenkrad betätigen will?« grübelte ich. »Sind die Amerikaner uns technisch so weit voraus, daß sie irgendeinen ferngesteuerten Sensor besitzen, der dem Motor anzeigt, was man denkt? Aber was passiert, wenn man mal nicht aufpaßt? Dann empfängt der Motor ja ganz konfuse Signale, und der Unfall ist vorprogrammiert. Ich pfeife auf solche modernen Autos!«

Einige Jahre später kam ich nach Amerika und legte mir einen neueren Wagen zu. Als ich das erste Mal auf die Bremse trat, landete mein Kopf an der Windschutzscheibe! Da begriff ich, daß der Missionar recht gehabt hatte, wenn er mir die Sache auch nicht erschöpfend hatte erklären können. So war das also: Ich mußte nach wie vor selbst die Entscheidung treffen, ob ich bremsen oder lenken wollte. Aber ich brauchte keine besondere Kraft mehr dafür einzusetzen; das nahm mir der Motor ab.

Genauso wirkt die Kraft Gottes. Wir treffen eine Entscheidung, tun den entsprechenden Schritt, und Gott in seiner Treue steht hinter uns und gibt uns Kraft. Wenn ich gesagt habe, daß Gnade die von Gott geschenkte Fähigkeit ist, nicht zu sündigen, dann meine ich damit, daß er uns seine Kraft schenkt. Wenn wir auf Gottes Weg gehen *wollen*, ist er mit seiner Kraft zur Stelle und hilft uns, dies auch zu tun.

Das Element der freien Willensentscheidung ist von größter Wichtigkeit. Gott hätte uns ja auch zu Robotern machen können, die darauf programmiert sind, ihm zu gehorchen und ihn anzubeten. Aber das wäre wenig sinnvoll. Stell dir vor, du würdest ein Tonband abhören, das du selber besprochen hast, und es würde ein ums andere Mal wiederholen: »Ich liebe dich. Ich liebe dich. Ich liebe dich.« Ob du dich darüber freuen würdest?

Bleibende Kraft

Ich schloß also Bekanntschaft sowohl mit der Servolenkung als auch mit dem Bremskraftverstärker. Daneben stellte ich fest, daß der Automobilhersteller keinen Schalter am Armaturenbrett angebracht hat, der es dem Fahrer ermöglicht, die Servolenkung ein- oder auszuschalten. Desgleichen fehlt der Knopf, um von normaler auf verstärkte Bremskraft umzuschalten. Die Autofirma weiß genau, daß so etwas sehr dumm wäre und zudem die

Sache enorm verteuern würde – die reinste Verschwendung. Nein, die Kraft ist einfach da und wartet darauf, daß man sie einsetzt.

Die meisten Christen behaupten, Gottes Kraft zu besitzen, aber ihr Verhalten straft ihre Worte häufig Lügen.

Stell dir vor, du betest etwa folgendes: »Herr, hilf mir, diesen nichtsnutzigen Schurken zu lieben. Ich kann es nicht aus mir selber. Gib mir die Kraft, ihn zu lieben.« Dann, zu dir selber gewandt: »Also, bis jetzt hat er mir noch keine Liebe gegeben. Ich empfinde immer noch das gleiche für diese Person wie vorher, ehe ich gebetet habe.«

Was machst du? Du fängst noch einmal von vorne an: »O Herr, ich brauche deine Liebe für diesen Menschen!« Aber dein Liebeskonto fühlt sich immer noch leer an. Somit versäumst du es, den, der dich ärgert, zu lieben, und gibst Gott dafür die Schuld, weil er dir trotz deiner Gebete keine Liebe geschenkt hat.

Wie ist es denn? Bist du in Christus zur Fülle gebracht oder nicht? Warum suchst du dann nach etwas, was du bereits besitzt? »Die Liebe Gottes ist ausgegossen in unsere Herzen durch den Heiligen Geist, der uns gegeben worden ist« (Römer 5,5). Glaube einfach, daß, wenn Gott etwas von dir verlangt, du in der Lage bist, es zu tun! Dazu ist jedoch zunächst ein wenig Willenskraft erforderlich, um anzufangen. Die Frage ist: Lieben wir Gott so sehr, daß wir uns von ihm gebrauchen lassen wollen, um sein Reich zu bauen? Geben wir ihm wirklich die Möglichkeit, Dinge in uns und durch uns zu vollbringen? Das ist ein Prozeß, der darauf hinausläuft, mehr und mehr im Sieg zu leben, nicht feige zurückzuweichen und auch nicht nur das zu tun, was unbedingt nötig ist, um den Klauen des Bösen zu entrinnen.

Ein 17jähriger Junge in Kalifornien bat mich, für ihn zu beten. Ich wollte wissen, wofür.

»Ich schäme mich direkt, es auszusprechen«, meinte er, »aber ich will es dir trotzdem sagen. Schließlich bist du ja auch ein Mann. Ich möchte, daß du betest, der Herr möge mir alle sexuellen Wünsche wegnehmen.«

»Warum willst du denn so etwas haben?« fragte ich.

»Ich möchte ein heiliges Leben führen«, gab er zur Antwort. »Jedesmal, wenn ich ein hübsches Mädchen sehe, kommen mir _ganz_ solch schmutzige Gedanken in den Sinn. Ich weiß nicht, was ich dagegen machen soll. Deshalb möchte ich, daß der Herr mir dieses Verlangen einfach wegnimmt.«

»Hör zu«, sagte ich, »wenn ich so beten und Gott diese Bitte tatsächlich erhören würde, wärst du nicht mehr normal. Ich will dir einen guten Rat geben: Wenn du das nächste Mal ein hübsches Mädchen siehst und wieder solche Gedanken in dir hochsteigen, dann sag einfach: ›Im Namen Jesu, nein! Gott, hilf mir!‹ Du mußt bewußt auf die Bremse deines Gedankenapparats treten, und Gott wird mit seiner Kraft das Ding zum Halten bringen.«

Denk daran, Gott hat dir ein neues Herz geschenkt. Er hat seinen Geist in dein Inneres gegeben, der dir helfen wird, seinen Willen zu tun. Gott wartet darauf, daß du den Bremskraftverstärker und die Servolenkung benutzt. Es liegt an dir, ob du mit seiner Kraft rechnen oder lieber schwach sein willst.

Vielleicht singst du gerne das Lied: »Gehe nicht vorbei, o Heiland« – aber damit machst du dir selbst etwas vor. Wie kann er an dir vorbeigehen, wenn er bereits in dir ist? Viel lieber solltest du bekennen: »Alles vermag ich durch den, der mich stark macht« (Philipper 4,13).

Doch Gott möchte dir nicht nur Kraft verleihen, sondern, wie wir in den folgenden Kapiteln sehen werden, ihm liegt auch sehr viel daran, dir seinen Willen klarzumachen.

3 | *Was geht da innen vor?*

Ich hätte nie erwartet, daß meine Mutter so etwas sagen würde. Sie war verwitwet und hatte fünf Kinder, die mittlerweile alle in den vollzeitlichen Dienst gegangen sind. Meine Mutter war sehr aktiv für Gott. Bei den Pastorenkonferenzen kochte sie. Und in der Nachbarschaft betätigte sie sich oft als Hebamme – kostenlos, versteht sich.

Wie erstaunt war ich daher, als ich sie eines Tages in Tränen aufgelöst vorfand. Auf meine Fragen schüttete sie mir schließlich ihr Herz aus. Ich war damals bereits Pastor, wenn auch noch sehr jung.

»Ich weiß gar nicht, ob ich dich damit belasten soll – aber ich bin ein bißchen traurig«, begann sie. »Alle Leute in der Gemeinde fühlen geistlich irgend etwas. Eine Frau spürt so etwas wie einen elektrischen Strom durch ihren Körper gehen. Eine andere fühlt einen warmen Schauer, die nächste einen kalten Schauer ihren Rücken hinunterrieseln. Ich selbst dagegen fühle nie etwas. Vielleicht liebt der Herr mich gar nicht wirklich.«

Wir waren Mitglieder der Pfingstgemeinde. Geistliche Dinge zu *fühlen*, war bei uns ein ungeschriebenes Gesetz.

»Mama«, sagte ich, »du fühlst deshalb nichts, weil du im Glauben lebst.«

Damit wollte ich natürlich nicht sagen, daß sie die einzige wirklich wiedergeborene Gläubige war oder als einzige Gott liebte, aber ihre Beziehung zum Herrn war einfach anders.

In den beiden vorhergehenden Kapiteln habe ich darauf hingewiesen, daß Gott in uns lebt. Er hat nicht nur seinen Geist in unser Inneres gegeben, sondern er wirkt, wie wir sehen werden, größtenteils durch unseren eigenen Geist. Wenn Gott unser Gewissen lenkt, so ist das weitaus besser, als uns von unseren Gefühlen wie ein Blatt im Wind hin und her treiben zu lassen.

Das Neue des Geistes

Wir brauchen nicht vor dem Gedanken zurückzuschrecken, daß es Geister gibt – sei es der Heilige Geist oder unser eigener Geist. Die Bibel spricht von beiden. Und Gott möchte, daß wir sie verstehen.

»Jetzt aber sind wir von dem Gesetz losgemacht, da wir dem gestorben sind, worin wir festgehalten wurden, so daß wir in dem Neuen des Geistes dienen und nicht in dem Alten des Buchstabens« (Römer 7,6). Wie ermutigend – wir dienen Gott durch seinen Geist. Das ist etwas ganz Neues, nie Dagewesenes. Aber auch unser Geist ist daran beteiligt, wie Paulus sagt: »Denn Gott … dem ich in meinem Geist … diene …« (Römer 1,9).

Jesus hat es noch deutlicher ausgedrückt: »Es kommt aber die Stunde und ist jetzt, da die wahren Anbeter den Vater in Geist und Wahrheit anbeten werden; denn auch der Vater sucht solche als seine Anbeter. Gott ist Geist, und die ihn anbeten, müssen in Geist und Wahrheit anbeten« (Johannes 4,23-24).

Wahre Anbetung und Dienst – beide schließen den Geist ein. Als Gott den Menschen schuf, vergaß er nicht, ihm eine Eigenschaft mitzugeben, die ihn fähig macht, sich auf geistlichem Gebiet zu bewegen. Viele Bibellehrer vergleichen die Dreieinigkeit Gottes (Vater, Sohn und Heiliger Geist) mit einer ähnlichen Dreieinheit im Menschen (Leib, Seele und Geist). Der Leib verfügt, wie wir wissen, über fünf Sinne und kann Freude wie auch Schmerz empfinden. Die Seele umfaßt unsere Gefühle, unseren Willen und unsere Gedankenwelt. Das Innerste unseres Wesens jedoch betrifft den Geist.

Was wir als Gewissen kennen – dessen Existenz auch die Welt anerkennt –, ist eine andere Bezeichnung für Geist. Wenn es dir also eine Hilfe ist, den Menschen als Ganzes besser zu verstehen, stell dir die besagten drei Dinge einfach als Körper, Seele und Gewissen vor.

Die Beziehung zu Gott dem Vater

Wenn du dir den Knöchel verstaucht hast, humpelst du, und jeder kann deinen körperlichen Zustand sehen. Wenn du dich mit deinem Ehepartner gestritten hast, merkt wahrscheinlich ein guter Freund, daß irgend etwas nicht stimmt, auch wenn du kein Wort über die Sache verlierst.

Aber niemand ist in der Lage, eine Botschaft zu empfangen, die dein Gewissen sendet, es sei denn, Gott zeigt es ihm durch göttliche Offenbarung. Nur Gott allein ist imstande, das dichte Gestrüpp unserer fleischlichen Handlungen und unserer Gedankenwelt zu durchdringen, um jederzeit zu wissen, wie es um unser Gewissen steht. Er verfügt über einen direkten Draht von Geist zu Geist.

Wie aber ist überhaupt eine Verbindung zwischen zwei Parteien möglich, die so grundverschieden sind? Für manchen mag das genau so unwahrscheinlich klingen wie der Versuch, eine alte Rechenmaschine mit Papierausdruck an einen Super-Computer anzuschließen.

Um es gleich vorweg zu sagen, Gott ist vollkommen. Er macht keine Fehler, verliert nie die Geduld und braucht sich auch nie für schlechtes Benehmen zu entschuldigen. Dennoch gibt es Bibelstellen, aus denen man derartige Dinge ableiten könnte. Zum Beispiel heißt es in 2. Mose 32,14, daß den Herrn das Unheil, von dem er gesagt hatte, er werde es seinem Volk antun, »gereute« – d. h., daß er es sich anders überlegte.

Hier handelt es sich m. E. um ein Beispiel, wie Gott ganz bewußt in unserer Sprache zu uns redet, damit wir ihn verstehen können. Gott in seiner Vollkommenheit ist absolut unveränderlich, weit erhaben über alle Unschlüssigkeit und Schwankungen, die wir in unserer menschlichen Unvollkommenheit erleben.

Wenn ich mich mit Kleinkindern beschäftige, spreche ich so wie sie: Da-da, du-du, Wau-wau, ata-ata. Und die Kinder geben Antwort. Vielleicht ist die Verständigung zwischen uns nicht hundertprozentig, aber der Gesprächsfluß läßt auf jeden Fall nichts zu wünschen übrig. Wir können uns unterhalten, weil ich bereit bin, ihre Sprache zu sprechen.

So macht es Gott mit uns. Er spricht im Zorn; er redet mit Gelächter. Er spricht durch deinen Mann, deine Frau, deinen Chef, deine Kinder – ja, sogar durch deine Nachbarin, die du nicht ausstehen kannst und die nie in die Kirche geht. Wir sollten nie vergessen, daß Gott, der ja Geist ist, den Menschen seine wichtigste Botschaft durch ein Wesen aus Fleisch und Blut übermitteln ließ – Jesus.

Und doch, die Erdentage Jesu sind vorbei. Wir können ihn weder körperlich berühren noch seine Berührung körperlich erfahren. »Schmecket und sehet, wie freundlich der Herr ist«, heißt es in der Bibel, aber das dürfen wir nicht wörtlich nehmen, denn wir können Gott nicht anfassen. Wenn dein Nachbar in der Kirche sagt: »Ich fühle seine gewaltige Hand«, dann handelt es sich höchstwahrscheinlich um eine innere Empfindung, ein starkes seelisches Gefühl.

Ich will nicht sagen, daß unsere Empfindungen immer unecht sind. Manchmal macht es Gott direkt Freude – sei es, weil er sich besser verständlich machen will, sei es, weil wir in unserer Beziehung zu ihm so kindlich sind –, durch unsere fünf Sinne zu uns zu reden. Dann sehen wir beispielsweise eine Vision. Oder wir vernehmen eine hörbare Stimme. Oder aber wir fühlen etwa ganz Besonderes, während unter Handauflegung für uns gebetet wird. Gott kann sich auf jede Art und Weise offenbaren, so wie es ihm gefällt. Ihm sind keine Grenzen gesetzt.

Wenn ich all dies gesagt habe, dann nicht, um die Schatztruhe deiner geistlichen Erfahrungen zu plündern. Ich möchte dir nur helfen, alles wegzuräumen, was deinen Blick für Gott in irgendeiner Weise trüben könnte. *Gott ist Geist; normalerweise spürt man nichts, wenn er handelt.* Deswegen war es auch gar nicht schlimm, daß meine Mutter nichts fühlte. Ihre Liebe galt einem Gott, der Geist ist. Und er erwiderte diese Liebe durch ihren Geist, nicht durch ihre Gefühle. Ihre Liebe war nicht darauf angewiesen, daß Gott ihre fünf Sinne aktivierte. Möchtest du eine normale Beziehung zu Gott haben? Dann wandle im Glauben, nicht im Schauen, Hören, Riechen oder Fühlen!

Gottes Taschenlampe

In Hebräer 12,9 wird Gott als »Vater der Geister« bezeichnet. »Geister« bezieht sich nicht nur auf die Engel oder die lebendigen Wesen aus der Offenbarung. Gott ist auch der Vater der Geister – sprich des Gewissens, das er in jeden Menschen eingepflanzt hat. Mann und Frau hat er zwar die Rolle zugewiesen, Vater und Mutter in körperlicher Hinsicht zu werden. Sich selbst aber hat er es vorbehalten, den Geist des Menschen hervorzubringen.

Deshalb ist ein Mensch, der Gott ablehnt, in seinem Innern oft mit einem Waisenkind oder einem Ausreißer zu vergleichen. Sein Geist steht nicht im Einklang mit dem Vater im Himmel. Zudem haben wir hier die Erklärung, warum der Mensch sich grundlegend vom Tier unterscheidet. Weil wir einen Geist haben, sind wir fähig, Gott zu erkennen, ihn anzubeten, mit ihm zu reden und ihm zu dienen.

Sprüche 20,27 gibt uns einen guten Einblick, wie Gott unseren Geist benutzt, und ebenso die Erklärung, weshalb ich den menschlichen Geist mit seinem Gewissen gleichsetze: »Der Geist des Menschen ist eine Leuchte des Herrn, er durchforscht alle Kammern des Leibes (oder: das Innerste seines Wesens).«

Nach was sucht die Lampe? Sie will nicht wissen, ob du deine Hände in der Anbetung hebst, wie laut du singst und ob deine Augen offen oder geschlossen sind. Sie sucht auch nicht nach einem Tagebuch, aus dem genau hervorgeht, wie viele Stunden du in der Kirche verbracht oder wie viele Tage du gefastet hast. Nein, diese Lampe leuchtet sogar tiefer, als deine Gedanken sind, und die sind doch zum großen Teil recht geheim. Sie will ganz genau wissen, was dich beschäftigt, was dich treibt.

Vielleicht bist du schon viele Jahre gläubig, aber wenn du ehrlich bist, mußt du zugeben: Ein Blick in dein Inneres ist wie ein Blick in den Kriechkeller eines alten Hauses. Geheimnisvolles Dunkel umgibt dich. Überall alter Plunder, den man nicht mehr braucht, vergessene Schätze, lichtscheue Krabbeltiere, Spinnweben, verstaubte und vergammelte Gegenstände. Gott gebraucht unser Gewissen wie eine Taschenlampe, um in die dunklen Ecken unseres Innern zu leuchten und das Verborgene ans Licht zu bringen. Normalerweise setzt er keinen Scheinwerfer ein, der das ganze Durcheinander in grelles Bühnenlicht taucht. Er richtet den Strahl vielmehr gezielt auf dieses und jenes, um uns ganz allmählich darauf aufmerksam zu machen.

Wenn Gott auf diese Weise mit unserem Gewissen zusammenarbeitet, passieren die wunderbarsten Dinge, wie wir noch sehen werden.

4 Sollen wir, oder sollen wir nicht?

»Bruder, ich denke, ich sollte mich von meinem Mann scheiden lassen. Was meinst du dazu?« fragt mich eine Frau.

»Glaubst du wirklich, daß eine Scheidung das Richtige für dich ist?« frage ich zurück. »Bist du dir sicher? Was sagt dein Gewissen dazu?«

»Es sagt mir, ich soll es nicht tun.«

»Warum fragst du mich denn, was du tun sollst, wenn du es längst selber weißt?«

Die unausgesprochene Antwort lautet, daß sie nur nach einem Hintertürchen gesucht hat, um den Weg, den der Herr ihr gezeigt hat, nicht gehen zu müssen. Das ist reine Zeitverschwendung. Nicht, daß Gott nicht mich oder irgendeinen anderen Christen dazu benutzen könnte, gute Ratschläge zu erteilen. Das kann er natürlich und tut es immer wieder. Aber weil ich kein Richter bin, kann ich mich nicht einfach über den Obersten Gerichtshof hinwegsetzen und sein Gesetz – die Bibel – übergehen.

Wer ist der Oberste Gerichtshof? Das Gewissen! Gott spricht zu uns durch unser Gewissen, und wenn wir nur wollen, liefert es uns eine Fülle an Informationen und Hinweisen in bezug auf große und kleine Dinge. Gottes Urteile sind unfehlbar, aber wir Menschen leider nicht. Und weil wir immer dem Irrtum und der

Sünde unterworfen sind, bleiben wir oft hinter dem, was unser Gewissen fordert, zurück. Während wir uns nun also etwas näher mit der Arbeitsweise des Gewissens befassen, wollen wir auch ein paar seiner Unzulänglichkeiten betrachten.

Neutraler Boden?

Viele Entscheidungen, die wir zu treffen haben, sind in der »Grauzone« angesiedelt. Das ist einer der Gründe, weshalb Gott uns ein Gewissen gegeben hat. »Hast du Glauben? Habe ihn für dich selbst vor Gott! Glückselig, wer sich selbst nicht richtet (oder: verdammt) in dem, was er gutheißt« (Römer 14,22).

Sollst du beispielsweise dieses Stück Kuchen essen oder nicht? Du wirst zwar viele Speisevorschriften im mosaischen Gesetz finden, aber höchstwahrscheinlich nichts über deine persönliche Ernährung und schon gar nicht über deinen optimalen Taillenumfang darin entdecken. Das Beste ist, wenn du in dieser Hinsicht auf dein Gewissen hörst. Sofern du nicht unter übertriebener Gewissenhaftigkeit leidest, ist es am sichersten, dich bei eventuellen Zweifeln für »nein« zu entscheiden. Bestimmt stirbst du nicht gleich an Unterzuckerung. Und Zeit für eine seelsorgerliche Beratung durch deinen Pastor bleibt dir auch nicht – abgesehen davon, daß er wirklich wichtigere Dinge zu tun hat!

Wenn du dich selbst nicht verdammst – d. h. wenn dein Gewissen dich nicht verurteilt – und den Kuchen mit Genuß verzehren kannst, um so besser. Wir sollen ja auch nicht gesetzlich werden und uns bei jeder geringfügigen Entscheidung das Gehirn zermartern.

Übrigens gab gerade das Stichwort »Essen« den entscheidenden Anstoß zu einem der wichtigsten Abschnitte in der Bibel über das Gewissen. Er steht in 1. Korinther 8. Hier geht es um das Problem, ob man als Christ Fleisch essen darf, das den Götzen geopfert worden ist. Einerseits, so schreibt Paulus, gerät ein Christ durch solches Essen nicht automatisch unter Verdammnis, wenn er die Erkenntnis hat, daß die Darbringung für einen Diener des einzig wahren Gottes ohne Bedeutung ist. Andererseits fügt der Apostel aber auch eine Warnung hinzu: »Denn wenn jemand dich, der du Erkenntnis hast, im Götzentempel zu Tisch liegen sieht, wird nicht sein Gewissen, da er schwach ist, bestärkt werden, die Götzenopfer zu essen?« (Vers 10). Auch hier wieder muß der »Gerichtshof« – sprich, das Gewissen – in einer ganz bestimmten Situation zu jedem persönlich reden und ihm klarmachen, was Sünde ist und was nicht. Vielleicht gestattet uns unser Gewissen, etwas zu tun, was uns allein betrifft, aber sobald es auch nur indirekt das Gewissen eines anderen belastet, kann es sein, daß wir uns zurückhalten müssen.

Das konstruktive Gewissen

Der »Gerichtshof« spricht aber auch im positiven Sinn davon, was wir tun können, um Gott zu gefallen. Als ich anfing, bewußt mit dem Herrn zu leben, wollte er wissen, ob ich ihm gehorchen würde – unter allen Umständen.

»Ja, ich will es tun«, sagte ich mit zusammengebissenen Zähnen. In meinem Innern schrie es: »Au! Das wird bestimmt manchmal weh tun!«

Mittlerweile habe ich mich revidieren müssen. Gottes Stimme durch mein Gewissen zu vernehmen und ihr zu gehorchen, ist für mich inzwischen etwas ganz Natürliches. Man könnte es mit dem Autofahren vergleichen. Am Anfang muß man jedes Mal überlegen, wo die Bremse ist und wie weit man sie durchtreten muß. Aber mit der Zeit geht das Bremsen wie auch alles andere beim Fahren ganz automatisch. Genauso ist es mit Gott. Er redet. Ich reagiere. Und so bleibt dieses »Gefährt« mit Namen Juan Carlos Ortiz immer in der Spur.

Einmal war ich bei einem befreundeten Pastor in seiner Mietwohnung in Buenos Aires zum Mittagessen eingeladen. Mein Gewissen war zwar nicht extra eingeladen, aber es kam trotzdem mit.

Während des Essens wurde ich plötzlich von der Stimme meines Gewissens unterbrochen: »Hast du ein Haus, Juan Carlos?«

»Ja«, erwiderte ich, »ich habe zwei.«

»Dein Freund hat gar keins.«

Manchmal hört man nichts weiter von seinem Gewissen, aber es sollte im Grunde auch genügen. Ich setzte mich mit anderen Freunden in Verbindung, um zu sehen, ob wir genug Geld zusammenbekommen würden, daß dieser Bruder sich ein

Haus kaufen konnte. Bei mir dauerte es ungefähr ein Jahr, bis ich meinen Anteil zusammengespart hatte, indem ich weniger oft ins Restaurant ging und auch sonst auf dieses oder jenes verzichtete. Gott ließ nicht einfach eine große Schale Geld aus dem Himmel regnen! Bald darauf konnte mein Freund in sein eigenes Haus einziehen. Es hatte sich gelohnt, auf die Stimme meines Gewissens zu hören.

Gebrandmarkt, aber nicht zerstört

Die Sache des Gewissens ist nicht nur ein weiterer Punkt in der langen Reihe von christlichen Dogmen. Das Gewissen ist etwas so Allgemeines, daß Gott es jedem Menschen, Christ oder Nichtchrist, eingepflanzt hat. Dieses generelle Vorhandensein erklärt, warum Gott das Recht hat, *alle* Menschen zu richten, auch diejenigen, die das Evangelium nicht kennen:

> »Denn wenn Nationen, die kein Gesetz haben, von Natur dem Gesetz entsprechend handeln, so sind diese, die kein Gesetz haben, sich selbst ein Gesetz. Sie beweisen, daß das Werk des Gesetzes in ihren Herzen geschrieben ist, indem ihr Gewissen mit Zeugnis gibt und ihre Gedanken sich untereinander anklagen oder auch entschuldigen.«
> *Römer 2,14-15*

Das heißt nicht, daß Menschen, die Gott nicht kennen, ein gleich aktives Gewissen haben wie solche, deren Geist mit Gottes Geist Verbindung hat. Epheser 4,18-19 spricht ausführlicher über das Gewissen der Heiden – Menschen also, die Gott willentlich ignorieren:

> »Sie sind verfinstert am Verstand, fremd dem Leben Gottes wegen der Unwissenheit, die in ihnen ist, wegen der Verstockung ihres Herzens; und da sie abgestumpft sind, haben sie sich selbst der Ausschweifung hingegeben, im Ausüben jeder Unreinheit mit Gier.«

Abgestumpft bedeutet auch abgenutzt. Ein abgenutztes Gewissen redet nicht mehr. Oder, selbst wenn es noch redet, ist seine Stimme derart überlagert von anderen Stimmen des Ichs und des

Fleisches, daß man sie nicht mehr wahrnimmt. Paulus spricht von abgefallenen Menschen als solchen, »die in ihrem eigenen Gewissen gebrandmarkt sind (d. h. wie mit einem Brenneisen)« (1. Timotheus 4,2). Die Sünde hat in ihrem Gewissen unauslöschliche Spuren hinterlassen und dabei lebende Substanz verbrannt.

Die gute Nachricht lautet jedoch, daß die »Leuchte des Herrn«, der Geist (oder das Gewissen) des Menschen niemals total verlischt. Solange ein Sünder den flackernden Funken erkennt und Buße tut, besteht die Hoffnung, daß dieser wieder zur Flamme entfacht wird und schließlich so hell lodert wie die Sonne.

Das gibt auch der Erlösungstat Jesu eine ganz neue Perspektive. In Hebräer 9,14 heißt es, daß »das Blut des Christus ... euer Gewissen reinigen (wird) von toten Werken, um dem lebendigen Gott zu dienen.« Jesus kann jedes Gewissen, und sei es noch so tot, zu neuem Leben erwecken. Und er erneuert es nicht nur, sondern sendet auch seinen Geist hinein und läßt ihn darin wohnen. Wie wir gesehen haben, hat Gott versprochen, daß der Geist uns alles lehren und uns in alle Wahrheit leiten wird. Wenn das Gewissen der Oberste Gerichtshof ist, so ist der Geist Gottes der Oberrichter.

Gefühle können täuschen

Der Heilige Geist ist unfehlbar. Wir sind es nicht und unser Gewissen folglich auch nicht. Zum Teil liegt das daran, mit was wir unser Gewissen füttern: was wir lesen, mit wem wir Umgang pflegen, wie unser Gebetsleben aussieht, wie sehr wir Gott lieben, und nicht zuletzt auch die Frage, was in unserer speziellen Denomination gelehrt wird. Bestimmte Dinge – das Anschauen eines Filmes beispielsweise oder das Tanzen – mögen das Gewissen eines Christen verletzen, einem anderen aber nichts ausmachen. Der springende Punkt ist eben, daß kein Gewissen hundertprozentig genau funktioniert.

Gott hat uns zwei gute Kontrollmechanismen für diesen Schwachpunkt mitgegeben. Da ist zum einen der gute Rat, den reife Christen uns geben können. Vielleicht mußt du auf der Stelle entscheiden, ob du einem Bettler etwas geben sollst oder nicht. Kein Problem – du drehst einfach dein Gewissen voll auf und tust das, was es dir sagt. Aber wenn es um größere Entscheidungen geht, wie z. B. um die Frage, ob du in ein anderes Land ziehen sollst, brauchst du vielleicht etwas mehr Zeit, um dir darüber klarzuwerden, und du kannst höchstwahrscheinlich auch ein paar gute Ratschläge gebrauchen, um dir die Sache bestätigen zu lassen. Geh aber bitte nicht zu Menschen, die immer dieses und jenes *fühlen*. Laß dich vielmehr von solchen beraten, die nachweislich im Glauben wandeln und eine Beziehung zu Gott dem Geist – der er ja ist – haben.

Der zweite Kontrollmechanismus ist die Bibel. Du magst vielleicht keine Stelle finden, die genau auf deine Situation zutrifft, aber der Geist Gottes hat eine Art, gewisse Themen oder Textpassagen zu beleuchten, die ihren Schatten dann auf das Gesamtbild werfen.

Ein klares, lebendiges Gewissen hilft dir, menschlichen Rat, Gottes Wort und die Umstände so miteinander zu verbinden, daß die Antwort einfach zu finden ist. Aber du mußt bereit sein zuzuhören, notfalls auch eine Zeitlang zu warten – und auf Überraschungen gefaßt zu sein.

Die Antwort kann nämlich ganz anders ausfallen, als du meinst oder gerne hättest. Weißt du, woran ich Spaß habe? Vor allem an den neuesten elektronischen Geräten, die es auf dem Markt gibt, egal, ob es eine Schreibmaschine, ein Computer oder eine Stereoanlage ist. Für Jahre hatte ich mir beispielsweise einen Videorecorder gewünscht. Ich besaß 60 Videokassetten von mir persönlich, Grund genug, so meinte ich, um mir ein solches Gerät anzuschaffen. Schließlich mußte ich ja meine Predigten begutachten! Außerdem hatten alle meine Freunde auch so ein Ding.

Eigentlich war es gar keine Frage des Geldes. Dreimal stand ich bereits im Laden mit genügend Geld in der Tasche, um einen Videorecorder zu kaufen. Ich *meinte*, ich sollte einen kaufen. Ich *hatte Lust*, mir einen zu kaufen. Aber ich *wußte*, ich sollte es nicht tun. Mein Gewissen war anderer Meinung als ich, es befahl mir zu warten. In einem Fall wurde das Geld, das ich hatte ausgeben wollen, dazu benötigt, ein Haus für eine Witwe zu kaufen. Innerhalb von nur einer Woche wußte ich somit, was Gott gewollt hatte, und war sehr froh, gehorcht zu haben.

Wir müssen also unbedingt darauf achten, daß wir uns bei dem über das Gewissen laufenden Zweiergespräch mit Gott nicht auf Fragen beschränken wie: Was empfinde ich? Was hätte ich gern? Solche Fragen tendieren dazu, die Sache von der Ebene des Geistes auf die der Seele und des Leibes herunterzuziehen. Das bedeutet nicht, daß du jegliche Gefühle vollkommen außer acht lassen sollst. Gott mag sie als Indikatoren benutzen, die mithelfen, dir den richtigen Weg zu zeigen. Wenn deine Gesinnung immer mehr in die Gesinnung Jesu Christi umgestaltet wird, sollte das, was wir empfinden und gern hätten, mehr und mehr mit dem übereinstimmen, was Gott will. Frage dich also immer wieder: »Was habe ich erkannt? Was sagt mir mein Gewissen?«

Manche Christen haben Angst, der Wille Gottes, den er uns durch das Gewissen offenbart, würde immer auf Kopfschütteln und Neinsagen hinauslaufen. Aber das stimmt nicht! Derselbe Gott, der mich bezüglich meines Elektronikfimmels an die Kandare nehmen mußte, hat mir viele gute und wunderbare Dinge geschenkt. Er hat die große, weite Welt mit all dem Schönen darin erschaffen, und ich darf sie genießen. Derselbe Geist, der durch unser Gewissen redet, bringt eine Frucht mit neun wunderbaren Eigenschaften hervor, die in der Bibel aufgelistet sind. Stell dir vor – eine davon ist die Freude!

Zu guter Letzt habe ich doch noch meinen Videorecorder bekommen. Und als es endlich soweit war, konnte ich noch dazu viel Geld sparen. Als ich nämlich anfing, mir solche Geräte anzuschauen, kosteten sie noch 3000 Dollar. Jetzt bekam ich eins für nur 500 Dollar!

Aber ich greife vor. Wie du siehst, spielt das Gewissen eine große Rolle gerade bei der Selbstbeherrschung. Und Selbstbeherrschung ist ein wesentlicher Bestandteil der Innewohnung Christi. Sie schafft die Voraussetzungen dafür, daß Gott durch uns wirken kann.

5 Wer beherrscht dich?

Für einige Zeit wohnte ein Student aus Mexiko in unserem Haus in Kalifornien. Er war ein netter junger Mann, der den Herrn wirklich liebhatte. In der Sprachschule, in der er Englisch lernte, waren auch vier oder fünf junge Moslems. Ihre Väter waren arabische Scheichs, was bedeutete, daß sie im absoluten Wohlstand aufgewachsen waren. Sie fuhren sehr schöne Autos und frönten allen möglichen fleischlichen Lüsten.

Auch unser mexikanischer Freund stammte aus einer wohlhabenden Familie. Der Unterschied lag jedoch darin, daß seine Eltern weise Christen waren, die ihn gut erzogen hatten. (Sie hatten ihm z. B. kein Auto geschenkt!)

Die gutaussehenden jungen Araber machten unserem Hausgenossen oft das Leben schwer. »Jesus ist überhaupt nichts wert«, pflegten sie zu sagen, um dafür ihre eigene Religion auf den Leuchter zu stellen. Da sie in der Überzahl waren, fiel es ihnen nicht schwer, ihn zum Schweigen zu bringen.

An den Wochenenden wurden heiße Partys gefeiert. Seine arabischen Kameraden luden unseren Mexikaner häufig ein, an ihren Festivitäten, die gewöhnlich in einem Hotel stattfanden, teilzunehmen. Alle möglichen sündigen Dinge wurden dort ausprobiert. Er ging zwar mit, ließ sich aber nicht in ihre verdorbenen Praktiken hineinziehen.

Fünf Monate nachdem sie sich kennengelernt hatten, waren die Araber immer noch an ihm dran: »Mensch, laß doch deinen Jesus sausen und schließ dich unserer Religion an.«

»Wie kann ich Jesus sausen lassen?« erwiderte der Mexikaner. »Mein Jesus hat mir bis heute geholfen, nicht in Sünde zu fallen, aber eure Religion gibt euch keine Kraft, gegen die Sünde zu stehen. Während ihr euch mit Mädchen abgebt, halte ich mich davon fern. Wenn ihr euch Pornofilme im Kino anseht, bleibe ich zu Hause. Wer ist es, der mir diese Selbstbeherrschung gibt? Keiner als Jesus!«

Von da an wurde nicht mehr über Religion gesprochen. Wahrscheinlich waren die jungen Araber überhaupt nicht an Selbstbeherrschung interessiert. Vielleicht wußten sie auch, daß ihre Religion derartige Sünden nicht gutheißen würde. Aber sie hatten keine Kraft, dagegen zu stehen. Eigentlich ist das auch ganz logisch, denn nur Jesus ist von den Toten auferstanden. Er lebt, und er hat versprochen, seinen Geist in jeden Gläubigen hineinzugeben und die Frucht des Geistes – einschließlich der Selbstbeherrschung – in ihm wachsen zu lassen.

Ja, das hat Jesus getan!

Beim Betrachten der Frucht des Geistes möchte ich mich an dieser Stelle auf die Selbstbeherrschung konzentrieren und ihre Beziehung zur Liebe untersuchen. Ein klares Verständnis dessen, was Selbstbeherrschung ist, wird uns gewiß helfen, das neue Leben, das in uns pulsiert, besser zu erkennen und zu pflegen.

Die Offenbarung des Geistes

Wir haben darüber gesprochen, was sowohl im Alten wie im Neuen Testament offenkundig das größte Problem der Menschen war, nämlich ihre Unfähigkeit, Gott zu gehorchen. Überlegen wir doch einmal: Man muß niemanden zum Rebellen erziehen! Jeder Vater, jede Mutter kann ein Lied davon singen, daß schon das Kleinkind den »Dreh« raushat, sich jeglicher Autorität zu widersetzen. Wir haben gesehen, daß das Heilmittel für dieses Problem im Alten Testament aus einem Gesetzeskatalog bestand, bei dessen Nichtbefolgung passende Strafen verhängt wurden.

Doch dann sagte der Prophet Hesekiel eine weitreichende Veränderung voraus: »Ich werde euch ein neues Herz geben und einen neuen Geist in euer Inneres geben; und ich werde das steinerne Herz aus eurem Fleisch wegnehmen und euch ein fleischernes Herz geben. Und ich werde meinen Geist in euer Inneres geben; und ich werde machen, daß ihr in meinen Ordnungen lebt und meine Rechtsbestimmungen bewahrt und tut« (Hesekiel 36,26-27).

Wollte der Prophet vielleicht sagen, Gott werde uns den Heiligen Geist geben, damit wir beim Lobpreis tanzen oder beim Singen die Hände erheben können? Nein, sondern *damit wir in der Lage sind, Gottes Gebote zu befolgen.*

Vielleicht denkst du: Das ist leicht gesagt. Aber in Wirklichkeit überfällt uns die Sünde genauso leicht wie vorher, wenn nicht noch leichter. Das stimmt, und Gott weiß das auch. Deshalb hat er uns durch Paulus einen kleinen Einblick gegeben, wie der Heilige Geist uns bei unserem Streben nach Gehorsam zu Hilfe kommt: »Die Frucht des Geistes aber ist: Liebe, Freude, Friede, Langmut, Freundlichkeit, Güte, Treue, Sanftmut, Selbstbeherrschung. Gegen diese ist das Gesetz nicht gerichtet« (Galater 5,22-23).

Als erstes müssen wir beachten, daß es so etwas wie *Früchte* des Geistes nicht gibt. Gemäß Vers 22 handelt es sich um eine einzige *Frucht,* die jedoch aus neun wunderbaren Segmenten besteht. Irgend etwas stimmt nicht, wenn du dir selbst sagst: »Ich habe wirklich sehr viel Liebe, aber überhaupt keine Freude.« Die Frucht des Geistes wächst als Ganzes. Wenn du ein Haus kaufst, kaufst du ja auch nicht nur ein paar Räume, um darin zu wohnen. Entweder alles oder nichts! Wenn der Heilige Geist in dir lebt, solltest du nicht weniger erwarten, als daß die neunfältige Frucht zu sehen ist.

Frucht und Gaben

Manchmal wird die Frucht des Geistes mit den Gaben des Geistes – wie Wort der Weisheit, Wort der Erkenntnis oder Zungenreden – verwechselt. Doch Frucht und Gaben unterscheiden sich beträchtlich voneinander.

Was ist Frucht? Das natürliche Ergebnis eines gesunden Baumes! Man erwartet einfach, daß an einem Apfelbaum Äpfel wachsen. Genauso sollte man erwarten, daß das Leben eines geisterfüllten Christen die in Galater 5,22-23 erwähnte Frucht hervorbringt.

Und was ist eine Gabe? Auf jeden Fall nicht das natürliche Produkt eines Baumes, so wie die Frucht. Denken wir nur an den Weihnachtsbaum. Man behängt ihn mit Schmuck, legt Geschenke darunter – und plötzlich ist aus dem schlichten Baum etwas außerordentlich Schönes geworden. Weihnachten kommt und geht, zuerst werden die Geschenke ausgepackt und entfernt, dann der Schmuck wieder eingepackt, und schließlich landet der Baum auf dem Müll. Sein einziger richtiger Wert lag in den Gaben, den Geschenken, also in dem, was von außen an ihn gehängt und unter ihn gelegt wurde.

Der Heilige Geist teilt jedem Gläubigen das aus, was er will: dem einen vielleicht die Gabe des prophetischen Redens, einem anderen die Gabe, Wunder zu tun. Wenn der Geist Gottes dir nichts dergleichen unter deinen »Baum« legt, hast du auch nichts auszupacken.

Man kann dem Apfelbaum keinen Vorwurf machen, wenn er keine Gaben hervorbringt. Man kann ihm aber einen Vorwurf machen, wenn er keine Äpfel trägt. So ist es durchaus verzeihlich, wenn du keinen Toten auferweckst, weil Gott dir diese Gabe nicht verliehen hat. Du hast aber keine Entschuldigung dafür, wenn in deinem Leben Liebe, Freude, Frieden und die anderen Dinge aus Galater 5,22 fehlen, denn sie bilden zusammen die Frucht, die bei jedem Christen erwartet werden darf.

Wenn also jemand in den Dienst des Herrn treten möchte, dann sollte man in erster Linie darauf achten, daß der Grund stimmt, nämlich daß die Frucht des Geistes in seinem Leben zu sehen ist, und sich nicht so sehr von den Gaben beeindrucken lassen. Gaben können zu falschen Rückschlüssen führen, aber Frucht nicht. Deshalb hat Jesus die Warnung ausgesprochen: »Viele werden an jenem Tage zu mir sagen: Herr, Herr! Haben wir nicht durch *deinen* Namen geweissagt und durch *deinen* Namen Dämonen ausgetrieben und durch *deinen* Namen viele Wunderwerke getan? Und dann werde ich ihnen bekennen: Ich habe euch niemals gekannt. Weicht von mir, ihr Übeltäter!« (Matthäus 7,22-23).

Deshalb weist auch Paulus in seinem wunderbaren Kapitel über die Agape-Liebe den Gaben ihren gebührenden Platz zu:

»Die Liebe vergeht niemals; seien es aber Weissagungen, sie werden weggetan werden; seien es Zungen, sie werden aufhören; sei es Erkenntnis, sie wird weggetan werden« (1. Korinther 13,8). Paulus sagt nicht, daß wir zwischen Frucht und Gaben wählen sollen, sondern wir sollen darauf achten, daß Frucht da ist, bevor wir über die Gaben in Entzücken geraten.

Nach seiner Überzeugung leben

Wenn also die Frucht des Geistes in deinem Leben vorhanden ist, solltest du in der Lage sein, Selbstbeherrschung zu üben. Warum betone ich gerade diese Sache? Nun, weil Gott dir viel näher ist, als du denkst, ist die Kraft in dir, Selbstbeherrschung zu üben, viel größer, als du vielleicht bis jetzt erkannt hast. Schließlich wohnt Gott in deinem Innern!

Wenn du beispielsweise Probleme mit übermäßigem Essen hast, mußt du Selbstbeherrschung praktizieren. Aber wer ist es denn, der die Herrschaft ausübt? Wenn du einfach die Zähne zusammenbeißt, eine Wette mit jemand abschließt oder vielleicht deine Backenzähne aufeinanderzementierst, bist du es, der sich anstrengt. Und wahrscheinlich hast du bereits die Erfahrung gemacht, daß alle eigenen Versuche, Selbstbeherrschung zu üben, gewöhnlich zum Scheitern verurteilt sind. Doch auch wenn deine Strategie eine Zeitlang funktionieren sollte, so geschieht dies oft auf Kosten eines Magengeschwürs oder irgendeines anderen offensichtlichen Zeichens von Streß.

Es gibt einen besseren Weg.

Zuerst wollen wir uns mit dem Gegenteil eines selbstbeherrschten Menschen beschäftigen. Das ist ein fleischlicher Mensch. Man erkennt ihn u. a. an seiner ungezügelten Lust auf Sex, Essen, Alkohol oder Drogen – vier der bekanntesten Sinnenfreuden, denen Menschen sich hingeben. Im weiteren Sinn läßt sich jedoch der gesamte Bereich der Gefühle – fleischliche Gefühle, seelische Gefühle, ja, sogar geistliche Gefühle – unter die Rubrik »sinnlich« einordnen.

Ich habe gesagt, das Gegenteil von aus dem Gefühl heraus leben ist im Gehorsam gegenüber dem Gewissen leben. An dieser Stelle möchte ich es aber etwas anders formulieren: Nach seiner *Überzeugung* leben ist das direkte Gegenteil von im Fleisch leben. Eine Überzeugung ist etwas, was man *glaubt*.

Manchmal empfindest du vielleicht keine Liebe für deinen Ehepartner, aber wenn du überzeugt bist, daß deine Ehe ein lebenslanger Bund vor Gott ist und du deinen Gatten lieben mußt, wirst du dich auch durch deine Gefühle nicht von dieser Verpflichtung abbringen lassen. Es mag sich natürlich mit der Zeit herausstellen, daß deine Gefühle verkehrt waren. Aber ein Mensch, der nach seiner Überzeugung lebt, ist nicht auf Gefühle angewiesen, um zu handeln.

Ich sage nicht, daß Gefühle schlecht sind oder uns immer nur in die Irre führen. Gott hat uns ja mit der Fähigkeit zu fühlen ausgestattet, und sie ist Teil unserer Natur. Gott kann auch durch unsere Gefühle wirken. Aber wir dürfen uns nicht von den Gefühlen beherrschen lassen. Wir sollten sie weder ignorieren noch sie unterdrücken oder uns davor fürchten, aber wir sollten uns auch nicht vor ihnen beugen und sie anbeten.

Glaubst du, daß Sport gut für die Gesundheit ist? Ist dir dieser Glaube zur Überzeugung geworden? Wenn ja, wirst du deinen Körper am Morgen bewußt aus dem Bett zerren, wirst deinen Jogging-Anzug anziehen und deinen Waldlauf machen – selbst wenn du *fühlst,* du brauchtest mehr Schlaf, oder wenn du weißt, daß es draußen kalt ist. Der Glaube darf nicht nur ein verstandesmäßiges Erkennen von Tatsachen bleiben, sondern muß tiefer gehen und zu einer Überzeugung werden, die das ganze Leben beeinflußt. Sonst ist man ständig hin und her gerissen. Einmal behält der Verstand die Oberhand, ein andermal das Fleisch.

Der Heilige Geist ist der Urheber unserer wichtigsten Überzeugungen. Er legt sie in unseren Geist hinein, und wir können entscheiden, ob wir ja dazu sagen wollen oder nicht. *Im Geist leben* heißt somit, *aus Überzeugung leben.* Selbstbeherrschung üben bedeutet, daß ich so lebe, wie ich weiß, daß es richtig ist, und nicht, wie ich fühle oder wozu ich gerade Lust habe.

Das ist natürlich leichter gesagt als getan.

Satan keinen Raum geben
Nehmen wir an, du hast Probleme mit dem Jähzorn. Du kannst so wütend werden, daß deine Worte wie Wespenstiche sind, die alle deine Angehörigen verletzen. Ist Zorn denn Sünde? In Epheser 4,26 heißt es: »Zürnet, und sündigt (dabei) nicht! Die

Sonne gehe nicht unter über eurem Zorn.« Es ist also keine Sünde, zornig zu werden. Und wie steht es mit dem Essen? Ist Essen Sünde? Sind Ruhen, Arbeiten, Schlafen, Sexualität Sünde? Nein! Das sind alles ganz natürliche Funktionen und in sich nicht sündig, vorausgesetzt, wir können sie beherrschen und gebrauchen sie in der richtigen Weise und nicht im Übermaß.

Das ist es, was auch Paulus sagt: »Alles ist mir erlaubt, aber nicht alles ist nützlich. Alles ist mir erlaubt, aber ich will mich von nichts beherrschen lassen« (1. Korinther 6,12). Wirst du von irgend etwas beherrscht? Manche Leute werden von ihrem Schlafbedürfnis beherrscht oder von ihrer sexuellen Begierde. Selbst scheinbar kleine Dinge, wie Zigaretten, Schokolade oder Kaffee, können uns beherrschen. Vielleicht denkst du, diese Dinge hätten keinen Einfluß auf andere Bereiche deines Lebens, aber wenn du nicht nein dazu sagen kannst, wenn sie Tag für Tag an deine Tür klopfen und dein Körper nicht ohne sie leben kann – wer ist dann der Herr?

Bei vielen Dingen ist der springende Punkt die Frage, wie weit wir sie treiben. In bezug auf den Zorn fordert uns die obenerwähnte Stelle im Epheserbrief sogar auf: »Zürnet!« Der Zorn hat also offensichtlich seinen Platz. Wir sollten zornig sein, wenn wir Ungerechtigkeit sehen, wenn unsere Kinder eigensinnig sind oder wenn ein anderer in unserem Beisein »niedergemacht« wird. Außerdem sind wir alle nur Menschen. Mit unserer angeborenen Leidenschaftlichkeit stoßen wir bald genug an unsere Grenzen.

In dem Bibelvers über den Zorn heißt es jedoch weiter, daß wir nicht sündigen, sondern den Zorn unter die Füße bekommen sollen, bevor die Sonne untergeht. Mit anderen Worten: Werde ruhig zornig, aber vergiß nicht, die Zeituhr einzuschalten! Sobald es dir möglich ist, solltest du dich mit der Person, die dein Blut in Wallung gebracht hat, in Verbindung setzen und sagen: »Hör zu, Bruder, ich vergebe dir«, oder: »Schwester, ich bin eigentlich schuld an der ganzen Sache.« Tu, was du tun mußt. Das ist Selbstbeherrschung – in Partnerschaft mit dem Geist Gottes leben, dich nicht vom Zorn beherrschen lassen.

Gleich im nächsten Vers wird die Warnung ausgesprochen: »Gebt dem Teufel keinen Raum«, oder in einer anderen Übersetzung heißt es »keine Chance« (Epheser 4,27). Wir geben

Satan Raum, wenn wir uns weigern, die Zeituhr einzuschalten. Ich bin zornig auf meinen Kollegen, also weigere ich mich, am nächsten Morgen bei Arbeitsbeginn »Guten Tag« zu sagen. Beim Nachhausegehen bin ich noch wütender, weil er sich nicht bei mir entschuldigt hat, und sage auch nicht »Auf Wiedersehen«. Es ist dem Teufel gelungen, Raum in meinem Herzen zu gewinnen, und er hat nichts Eiligeres zu tun, als schnell eine riesengroße Mauer aufzubauen.

So kann aus einem Augenblick des Zürnens leicht ein dauerhafter Groll entstehen. Wer einem anderen grollt, durchlebt den Zorn wieder und wieder. Das ist Satans Ziel, und er wird alles daransetzen, dieses Ziel zu erreichen. Wieviel besser ist es, die Herrschaft nie aus der Hand zu geben, sondern aus Überzeugung heraus mit vom Geist geleiteter Selbstbeherrschung zu reagieren.

Das gleiche Prinzip gilt auch für Gefühle, die weniger sündiges Potential in sich bergen als der Zorn. Angenommen, einer deiner Lieben stirbt. Du empfindest Trauer, was ja durchaus gut und natürlich ist. Aber wenn du es versäumst, die Zeituhr einzuschalten, gibt es über kurz oder lang Probleme. Wieder gewinnt Satan Raum. Langanhaltende Traurigkeit kann sich in Depression verwandeln. Vielleicht fängst du, wenn du deinen Ehepartner verloren hast, sogar an zu beten: »Herr, ich möchte nicht mehr länger leben. Nimm mich zu dir!« Du fängst an, Selbstmordgedanken zu hegen. Du hast deine Selbstbeherrschung aufgegeben. Auch wenn du nicht wirklich Selbstmord begehst, behältst du doch u. U. die Friedhofsatmosphäre bei, indem du ständig weinst, dich selber bemitleidest und es all deinen Freunden unerträglich machst, in deiner Nähe zu sein. Schließlich werden es weniger und weniger, die sich überhaupt noch mit dir abgeben wollen.

Wie lange darf ein Mensch trauern? Darauf gibt es keine Pauschalantwort. Deshalb muß gerade diese Seite der Selbstbeherrschung einer geistgewirkten Überzeugung entspringen, indem man genau auf sein Gewissen hört.

Essen kann an einem ganz bestimmten Punkt in Völlerei ausarten, aber deswegen müssen wir trotzdem essen. Viele Christen sind aus Überzeugung strikt gegen jeden Alkoholgenuß, und das mag durchaus seine Berechtigung haben. Aber bei uns in Argentinien gehört ein Glas Wein bei Tisch einfach dazu. Und in Deutschland kann es passieren, daß der Pastor einen nach dem Gottesdienst zu einem Glas Bier einlädt. Ohne Frage ist es Sünde, sich zu betrinken. Gottgeschenkte Selbstbeherrschung wird uns helfen, eine Grenze zwischen geistlicher Freiheit und sündiger Ausschweifung zu ziehen.

Ich sage dies alles nicht, um dich nur zu ermuntern und dir zu helfen, deine schlechten Angewohnheiten zu überwinden und extreme Lebenseinstellungen zu vermeiden. Ich möchte vielmehr betonen, wie groß das Potential des Sieges ist, das in dir liegt. Das normale Christenleben bringt die Frucht des Geistes hervor, und dazu gehört die Selbstbeherrschung. Das bedeutet, daß unser Ich von dem Herrn, der alles weiß und niemals einen Fehler in seinen Entscheidungen macht, beherrscht wird. Wenn du weißt, daß diese Kraft in dir wohnt, gebrauche sie! Gib Satan keine Gelegenheit, in deinem Leben Wurzeln zu schlagen!

6 Vergebung und Frieden

Hast du schon einmal einen kleinen Gegenstand verloren? Du suchst überall – unter den Möbeln, in den Taschen, in den Schubladen –, aber du findest ihn nicht. Schließlich denkst du in deiner Verzweiflung an den letzten Platz, wo er eventuell noch hingeraten sein könnte.

Also gehst du nach draußen und fängst an, in der Mülltonne herumzukramen. Es ist quasi unmöglich, dabei nicht mit den schmierigen Speiseresten und vergammelten Hühnerknochen mit Sauce in Berührung zu kommen. Allein der Gestank ekelt dich, besonders wenn es Sommer ist, so an, daß du am liebsten aufgeben möchtest, noch ehe du angefangen hast.

So ähnlich ist es, wenn wir uns permanent mit den Sünden oder Vergehen eines anderen beschäftigen. Wir durchstöbern, bildlich gesprochen, die geistlich-seelische Mülltonne und stochern in Dingen herum, die längst erledigt sind und erledigt sein sollten. Damit schaden wir uns und anderen.

Im letzten Kapitel haben wir die wichtige Frage der Selbstbeherrschung erörtert und gesehen, was für eine gewaltige Kraft darin liegt, weil Gott selber durch seinen Heiligen Geist in uns wohnt. Der Bereich der Vergebung stellt vielleicht die größte Herausforderung dar, Selbstbeherrschung in Verbindung mit dem Heiligen Geist in unserem Leben regieren zu lassen. Wenn wir nicht ständig im Zustand der Vergebungsbereitschaft bleiben, vertauschen wir den lieblichen Duft des Friedens, der uns rechtmäßig anhaftet, weil Christus in uns wohnt, mit einem immer wiederkehrenden Graben im Müll. Ohne im Frieden mit Gott und Menschen zu leben, ist es jedoch nicht möglich, in jene Art von Gebetsleben hineinzuwachsen, die wir in den nachfolgenden Kapiteln betrachten werden.

Vergebung ist keine Einbahnstraße

Das Neue Testament sagt in bezug auf die Vergebung deutlich, daß es sich dabei um eine Sache handelt, die auf zwei Ebenen stattfindet. Gott erwartet von uns, daß wir vergeben, weil auch er uns vergibt. Ganz deutlich wird dies im Vaterunser, wo es heißt: »Und vergib uns unsere Schulden, wie auch wir unseren Schuldnern vergeben« (Matthäus 6,12). Jesus selber geht in den anschließenden Versen nochmals ganz gezielt auf diesen Grundsatz ein: »Denn wenn ihr den Menschen ihre Vergehungen nicht vergebt, so wird euer Vater auch eure Vergehungen nicht vergeben« (Matthäus 6,14-15).

Jemand hat einmal das Vaterunser als den »Fluch« der Christenheit bezeichnet. Weil wir oft so wenig geneigt sind, anderen zu vergeben, nehmen wir automatisch in Kauf, daß Gott auch unsere Sünden nicht vergeben kann.

In diesem Zusammenhang hat Jesus das Gleichnis von dem Knecht erzählt, der seinem Herrn eine Riesensumme Geldes schuldete und sie nicht zurückzahlen konnte (siehe Matthäus 18). Der Herr erließ ihm seine Schuld, woraufhin der Knecht sich umdrehte, einen Mitknecht, der ihm einen vergleichsweise geringen Betrag schuldete, ergriff und würgte und ihn dann ins Gefängnis werfen ließ. Als sein Herr das hörte, wurde er furchtbar wütend. Er ließ den unbarmherzigen Knecht festnehmen und übergab ihn den Folterknechten, bis er seine Schuld auf Heller und Pfennig bezahlt hätte. Die Lektion, die wir aus dieser Geschichte lernen sollen, ist diese: Wenn Gott uns so viel vergibt – nämlich alle unsere vergangenen und auch zukünftigen Sünden – , sollten wir da nicht den anderen vergeben, die doch in viel geringerem Maße gegen uns gesündigt haben?

Wie oft sind mir solche und ähnliche Aussagen begegnet: »Ach, Pastor, du weißt ja gar nicht, was ich erlebt habe. Carol hat so und so über mich geredet – und das, obwohl ich ihr Geld zur Reparatur ihres Wagens geliehen habe! Ich versuche ja, nett zu ihr zu sein, aber sie behandelt mich wie den letzten Dreck!« Hast du vielleicht auch eine »Carol« in deinem Leben? Die meisten von uns können mindestens eine solche Person aufweisen. Deshalb heißt es so herausfordernd in der Bibel: »Dann trat Petrus zu ihm und sprach: Herr, wie oft soll ich meinem Bruder, der gegen mich sündigt, vergeben? Bis siebenmal? Jesus spricht zu ihm: Ich sage dir: Nicht bis siebenmal, sondern bis siebzigmal sieben« (Matthäus 18,21-22).

Bring den Abfall weg!

Genausowenig wie Gott will, daß wir in unserer geistlichen Mülltonne herumstöbern, ist er selber daran interessiert, im Abfall zu wühlen. In Psalm 103,12 lesen wir die »Abfallbeseitigungserklärung« Gottes: »So fern der Osten ist vom Westen, hat er von uns entfernt unsere Vergehen.« Wenn Gott vom Norden und vom Süden gesprochen hätte, würden wir vielleicht an den Nordpol und den Südpol denken. Sie liegen zwar weit auseinander, aber man kann immerhin noch die Entfernung messen. Steigt man jedoch in ein Flugzeug und fliegt nach Osten oder nach Westen, so kommt man doch nie am Ziel an. Man fliegt einfach immer weiter.

Genauso ist es mit unseren Sünden. Wenn wir sie nicht bekennen, können sie uns so nahe sein wie der Abstand zwischen unseren beiden Ohren. Wenn wir sie aber vor Gott bekennen, schickt er sie auf die ewige Reise nach Osten oder nach Westen.

Wir müssen die Sache jedoch realistisch sehen. Du magst einem Menschen wirklich vergeben haben, und trotzdem gelingt es dir nicht, seinen Fehltritt auch zu *vergessen*, so wie Gott es tun würde. Aber Vergebung setzt nicht unbedingt voraus, daß wir das uns angetane Unrecht auch vergessen. Wenn dein Großvater sich beispielsweise sexuell an dir vergangen hat, als du ein Kind warst, magst du dich weder imstande fühlen, noch wäre es gut für dich, wenn du dieses Unrecht vergessen würdest. Vergebung bedeutet lediglich, daß du über niemanden in deinem Herzen zu Gericht sitzt. Du hoffst nicht ständig, daß er für das Schlechte, das er dir angetan hat, gebührend bestraft wird. Vielmehr überläßt du ihn einfach Gott und läßt ihn die Folgen bestimmen, ja, du betest sogar, daß Gott ihn segnen möge. Wenn du die Sache vergessen kannst, prima, aber selbst wenn das nicht der Fall ist, kannst du dennoch von Herzen vergeben haben.

Ein klarer Schritt, den du in diesem Zusammenhang tun kannst, ist der Vorsatz, daß du dich nicht permanent mit dem Unrecht, das dir widerfahren ist, beschäftigen willst. Es mag zwar notwendig sein, die Sache mit einem Seelsorger oder einem Menschen deines Vertrauens zu besprechen, aber du darfst dich nicht ständig von dem Gedanken verfolgen lassen, wie schrecklich du behandelt worden bist. Das käme einem Herumwühlen im Abfall gleich, und du würdest unweigerlich anfangen zu stinken. Der Mensch nimmt den Geruch der Umgebung an, in die er sich freiwillig hineinbegibt.

Ich hatte eine Frau in meiner Gemeinde, die ihre Schwiegertochter haßte. Jede Woche wartete sie mit neuen Schauermärchen auf, bis ich eines Tages sagte: »Hören Sie auf! Meine Ohren sind kein Mülleimer!« Hier haben wir ein weiteres Problem. Menschen, die es zulassen oder sich sogar darüber freuen, die Schlechtigkeiten von anderen anzuhören, werden unweigerlich selber zu Abfallbehältern.

Laß dich nicht von dem alten, stinkenden Müll anderer Leute verunreinigen. Wenn jemand zu dir kommt und ein Problem bei dir abladen möchte, bemühe dich, ihm einen weisen Rat zu geben. Spürst du aber, daß der Mensch im Grunde gar keine Hilfe will, kannst du sagen: »Laß uns doch zu dem Betreffenden hingehen und die Sache mit ihm besprechen, damit sie aus der Welt geschafft wird.«

Abfall ist etwas sehr Reales. Er läßt sich nicht auf Dauer ignorieren. Aber man sollte herausfinden, wie man ihn am besten los wird, und zwar augenblicklich und endgültig. Es hat keinen Sinn, ihn endlos weiterzureichen.

Hör mit dem Warten auf!

Es kann vorkommen, daß ein begangenes Unrecht so wiedergutgemacht wird, wie man es sich wünscht: Die Person, die dir unrecht getan hat, kommt zu dir, drückt ihr Bedauern über den Vorfall aus, bittet dich um Verzeihung und erklärt sich bereit, die Angelegenheit ins reine zu bringen. Du schlägst dem Übeltäter vor, was er über dich zu einer anderen Person gesagt hat, zu korrigieren, was auch geschieht. – Wäre es nicht großartig, wenn die Sache immer so ausginge?

Leider passiert das aber ganz selten. Meistens wollen die Menschen, die uns verletzt haben, dies gar nicht einsehen. Aus Wochen werden Monate, aus Monaten Jahre, in denen nichts geschieht – und du mußt dich entscheiden, ob du vergeben willst oder nicht. Wenn du deine Vergebung von der Buße der betreffenden Person abhängig machst, ist es keine echte Vergebung.

Vergebung, die an eine Bedingung geknüpft ist wie z. B.: »Ich werde dir vergeben, wenn du dieses oder jenes sagst oder tust«, ist eine belastete Vergebung, so wie ein Haus, das mit einer Hypothek belastet ist. Sobald dein Schuldner seiner Verpflichtung nicht nachkommt, ziehst du das, was du gegeben hast – nämlich deine Vergebung –, wieder zurück. Der Leidtragende bist im Endeffekt immer du, nicht der andere. Du bist und bleibst gefangen, weil du immer darauf wartest, daß die verlangten Bedingungen erfüllt werden. Der andere aber ist, sofern er aufrichtig bereut hat, von seiner Schuld frei. Du kannst genauso frei sein, wenn du einfach vergibst, ganz egal, was der andere tut. Vergebung zwingt uns, persönlich die Verantwortung zu übernehmen, daß unser Leben aus dem Leerlauf heraus und wieder in Fahrt kommt.

Manches bleibt uns natürlich auch schleierhaft. Einmal mußte ich anderen Leuten vergeben, die meinten, sie hätten recht und ich unrecht, während ich vom Gegenteil überzeugt war. Sie sind immer noch bei ihrer damaligen Meinung. Wer weiß – vielleicht hatten sie auch wirklich recht und ich unrecht! Die einzige Möglichkeit, Probleme dieser Art zu lösen, ist, *vorbehaltlos* zu vergeben, da keiner von uns über ein abschließendes Urteil verfügt, solange wir auf dieser Erde sind.

Eine weitere Gefahr bei diesem verzwickten Problem besteht darin, Vergebung mit Klarstellung zu verwechseln. Einmal bestellte ich zwei Leute zu mir, weil ich eine Sache zwischen uns klarstellen wollte. Am Ende war alles noch viel schlimmer!

Deshalb ist einseitige Vergebung – ohne Klarstellung, ohne versuchte Entschuldigung und ohne Vorbedingungen – der höchste Weg. Ich betone: *einseitig!* Der andere weiß vielleicht nicht einmal, daß er etwas getan hat, was Vergebung erfordert. Das spielt gar keine Rolle. Es ist die Aufgabe des Heiligen

Geistes, Menschen zu überführen, nicht die deine. Du brauchst nur deinen Teil zu tun, nämlich vergeben.

Natürlich kann das manchmal hart sein, aber es ist biblisch. Erinnerst du dich an die Geschichte von dem Gichtbrüchigen, der durch das aufgebrochene Dach hinuntergelassen und vor Jesu Füße gelegt wurde? Jesus sagte zu ihm: »Deine Sünden sind dir vergeben.« Der Mann hatte gar nicht um Vergebung gebeten, aber er erhielt sie trotzdem. Zudem wurde er noch geheilt. Die Ehebrecherin, die von den Pharisäern zu Jesus gebracht wurde, wußte nicht, was sie jetzt erwartete. Sie mußte damit rechnen, gesteinigt zu werden, so wie es im Alten Testament gefordert war. Aber Jesus sagte zu ihr: »Ich vergebe dir. Geh hin und sündige nicht mehr.« Das war einseitige Vergebung.

Das großartigste Beispiel, das wir in der Bibel finden, hat uns Jesus am Kreuz gegeben. Keiner von den römischen Soldaten oder von den jüdischen Priestern kam, um ihn um Vergebung zu bitten. Sie baten ihn auch nicht, er möge sich vor Gott für sie verwenden. Dennoch rief Jesus unter qualvollen Schmerzen im Angesicht des Todes aus: »Vater, vergib ihnen!«

Daß Jesus in der Lage war, einseitige Vergebung auszusprechen, ist der beste Beweis dafür, daß er nicht nur ein netter Kerl war. Er besaß Kraft. Und weil er in uns lebt, besitzen auch wir dieselbe Kraft.

7 | *Die Kraft der Vergebung*

Der Bruder eines guten Freundes von mir wurde von einem Einbrecher getötet. Mein Freund war Pastor, ein echter Gottesmann. Doch auch seine jahrelange Gemeindezugehörigkeit und alle bisher gemachten geistlichen Erfahrungen hatten ihn nicht auf die furchtbare Bitterkeit vorbereitet, mit der er nach der Ermordung seines Bruders zu kämpfen hatte.

Mein Freund betete über die Sache. Er betete immer wieder. Doch auch nach drei Jahren intensiven Betens hatte er noch keinen Sieg über seine Traurigkeit und seinen Groll gegen den Mörder.

Schließlich ging er zum Gefängnis und bat, diesen Mann besuchen zu dürfen. Die Beamten kannten den Pastor, und da sie befürchteten, er wolle sich an dem Mörder rächen, verweigerten sie ihm den Zutritt. Er aber ließ sich nicht abweisen, und schließlich gab die Gefängnisleitung nach.

Als mein Freund dem Mörder seines Bruders gegenüberstand, sagte er: »Ich bin gekommen, um Ihnen zu sagen, daß ich Ihnen vergeben habe. Ich liebe Sie, und wenn Sie gestatten, werde ich Sie von nun an jede Woche besuchen und mit Ihnen beten.«

Diese zum Ausdruck gebrachte Vergebung und Liebe waren der Auslöser, daß der Gefangene zum Herrn fand. Zwar muß er eine lebenslange Haftstrafe verbüßen, aber er benutzt seine restliche Zeit dazu, Gefängnisgottesdienste zu halten, und bringt so Frucht für Gott.

Ist das nicht wunderbar? Vergebung ist mehr, als nur das Richtige zu tun. Sie ist mehr als nur ein Schritt, den du unternimmst, um deine Bitterkeit loszuwerden oder dem, der dich verletzt hat, ein reines Gewissen zu verschaffen. *Es liegt eine gewaltige Kraft in der Vergebung.* Sie bezieht ja ihre Kraft aus dem Erbarmen, der Liebe und der Stärke Jesu, der in uns lebt. Sie bewirkt einen Frieden, wie nur Gott allein ihn schenken kann.

Die Kraft des Lösens

Jesus hat den Frieden, den Heiligen Geist, Kraft und Vergebung miteinander verknüpft, als er sagte: »Friede sei mit euch! Wie der Vater mich ausgesandt hat, sende ich auch euch. Und als er dies gesagt hatte, hauchte er sie an und sprach zu ihnen: Empfangt Heiligen Geist! Wenn ihr jemandem die Sünden vergebt, dem sind sie vergeben, wenn ihr sie jemandem behaltet, sind sie ihm behalten« (Johannes 20,21-23).

Wenn wir über Offenbarungen des Heiligen Geistes in unserem Leben nachdenken, denken wir meistens an Führung durch den Geist und an spezielle Eingebungen. Stecken wir den Rahmen größer, dann haben wir vielleicht Heilungen und andere Wunder vor Augen. Aber wie steht es mit der Vergebung? Sie wurde von Jesus besonders hervorgehoben, als er über den Heiligen Geist sprach. Das war absolut kein Zufall. Vom menschlichen Standpunkt aus betrachtet, ist Vergebung oft unmöglich. Wir brauchen dazu unbedingt die Kraft Gottes. Der Helfer, der Heilige Geist, versetzt uns erst in die Lage, wirklich zu vergeben.

Gott gibt uns Kraft, Menschen von ihrer Schuld uns gegenüber zu befreien. Wir meinen, daß sie uns etwas schuldig sind, weil sie uns unrecht getan haben. Aber viele von ihnen erkennen ihre Schuld nicht einmal an. Vielleicht ist sie ihnen überhaupt nicht zu Bewußtsein gekommen, oder sie wollen sie nicht wahrhaben. Das spielt eigentlich auch gar keine Rolle, denn *dir* gibt Gott die Kraft, ihnen ihre Schuld zu erlassen. Schlepp doch nicht ewig den Leichnam einer kaputten Beziehung mit dir herum!

Einseitige Vergebung macht dich frei und versetzt dich in die Lage, für Christus zu leben und deine Kraft in konstruktiver Weise einzusetzen.

Jesus hat uns diesbezüglich, wie Paulus schreibt, ein Beispiel gegeben: »Gott aber erweist *seine* Liebe gegen uns darin, daß Christus, als wir noch Sünder waren, für uns gestorben ist« (Römer 5,8). Gottes Angebot der Vergebung geht unserer Buße voraus. Der Vater des verlorenen Sohnes vergab ihm, noch ehe er nach Hause zurückgekehrt war. Er forderte von seinem Sohn weder eine lange Entschuldigung, noch erwartete er ellenlange Versprechungen, der Sohn werde so etwas nie wieder tun und ganz bestimmt nie wieder Schande über seine Familie bringen. Nein, er lief seinem Sohn entgegen, nahm ihn in die Arme, vergab ihm und ließ ein großes Fest ausrichten, um die Rückkehr seines Sohnes zu feiern.

Wo immer Vergebung notwendig ist, diese aber nicht praktiziert wird, kann es zu einer schlimmen, um nicht zu sagen dämonischen geistlichen Verbindung kommen. Zwei Menschen sind in krankhafter Weise zusammengekettet. Wenn du derjenige bist, dem Unrecht geschehen ist, und du beschließt, einseitige Vergebung zu üben, anstatt zu warten, bis der andere auf dem Zahnfleisch gekrochen kommt, dann brichst du diese Kette. Du durchtrennst die Macht, die Satan in dieser Situation aufgebaut hat. Diese einseitige Handlung bewirkt Veränderung bei beiden Parteien. Anstatt weiter zu stagnieren, kann die Verbindung zwischen ihnen aufs neue zu wachsen beginnen.

In ihrem Buch *The Golden Key* (»Der goldene Schlüssel«) berichtet Mary Welch von einer Frau, die fälschlicherweise beschuldigt und so lange verleumdet wurde, bis ihre Gemeinde sie schließlich ausschloß. Sie lebte in einer Kleinstadt, was die Sache natürlich noch schlimmer machte, weil jeder über ihre Situation Bescheid wußte und sie von allen in der Gemeinde gemieden wurde. Sie fing an, den Pastor, die Ältesten und alle Gemeindeglieder zu hassen. Sieben Jahre lang hielt sie sich meistens in ihrem Haus auf und hoffte die ganze Zeit inständig, daß Gott die Gemeinde für das ihr angetane Unrecht bestrafen würde. In ihrer Einsamkeit dachte sie schließlich: »Wenn sie mich nur um Vergebung bäten – ich würde ihnen vergeben. Aber wenn nicht, vergebe ich ihnen eben nicht.«

So wartete sie und litt dabei entsetzlich. Schließlich, als sie psychisch auf dem Nullpunkt angekommen war, nahm sie einen Stadtplan zur Hand und fing an, gezielt darüber zu beten, indem sie über jeden, der in die verleumderische Attacke verwickelt war, bewußt Freiheit aussprach und Gott bat, ihn zu segnen. Als sie anschließend wieder in die Gemeinde zurückkehrte, empfing man sie mit offenen Armen. Man erzeigte ihr sehr viel Liebe. *Niemand hatte sie um Vergebung gebeten, und sie erzählte auch keinem, daß sie vergeben hatte.* Aber es war eine ganz klare Wendung zum Guten eingetreten. Bedauerlicherweise hatte es sieben Jahre gedauert, bis diese Frau den Ausweg aus ihrem emotionalen Gefängnis gefunden hatte, für das sie keineswegs allein verantwortlich war. Das ist die Kraft, die Gott uns in der Vergebung geschenkt hat; wir sind nicht von gefühllosen, launenhaften Menschen abhängig, um mit dem Unrecht Schluß zu machen. Wir besitzen die Kraft Christi, des größten »Vergebers« aller Zeiten, um Gefangene – sogar gefangene Christen – freizulassen.

Fehlende Vergebung

So wie die Vergebung eine positive Quelle der Kraft und der Heilung ist, ist der Mangel an Vergebung keine lediglich neutrale Angelegenheit, sondern etwas absolut Negatives, was leider sehr oft zu Krankheit und anderen Problemen führen kann. Man kann eine Situation, die Vergebung erfordert, nicht einfach auf »Sparflamme« drehen und erwarten, daß sie von allein verkocht. Nichtvergebenwollen hat Zorn, Groll, Bitterkeit, Depression und alle möglichen emotionalen Störungen zur Folge. Die negativen Auswirkungen sind noch größer als die unangenehme Beziehung selbst. Denken wir nur an den Nahen Osten, wo Juden und Araber einfach nicht imstande scheinen, einander zu vergeben. Die »schmutzige Wäsche«, die sie vor aller Öffentlichkeit waschen, hat sich durch die Jahrhunderte angesammelt: grundlose Überfälle, Verstümmelung und Tötung unschuldiger Menschen, Eigentumsdelikte usw. Keine Frage, all dies ist schwierig zu vergeben. Aber kann es ohne Vergebung je zum Frieden in dieser Region kommen? Niemals! Es mag zwar immer wieder kurze Friedensintervalle geben, aber bestimmt keine entscheidenden Fortschritte, ohne daß beide Seiten bereit sind, dem anderen bedingungslos zu vergeben.

Selbst unter Christen hapert es oft mit der Vergebung. Schon Paulus schrieb: »Alle Bitterkeit und Wut und Zorn und Geschrei und Lästerung sei von euch weggetan, samt aller Bosheit. Seid aber zueinander gütig, mitleidig, und vergebt einander, so wie Gott in Christus euch vergeben hat« (Epheser 4,31-32). Die Pforten der Hölle können die Gemeinde nicht überwältigen, aber fehlende Vergebung ist durchaus imstande, hier und dort »Straßensperren« zu errichten.

Eine Frau kam zu den Ältesten unserer Gemeinde mit der Bitte, etwas in bezug auf ihren Mann zu unternehmen, der meiner Ansicht nach wirklich ein Schuft war.

»Liebe Brüder«, sagte sie, »ich möchte nicht, daß ihr mich falsch versteht. Ich will mich von meinem Mann scheiden lassen, aber ich vergebe ihm. Das einzige, was ich verlange, ist, daß er mich und die Kinder nie wiedersieht. Ich will nicht, daß er je seinen Fuß in unser Haus setzt.«

Ich erwiderte: »Wenn das deine Forderung ist und du sagst, daß du ihm vergibst, was würdest du verlangen, wenn du ihm nicht vergeben würdest?« Das bedeutete nicht, daß sie mit ihrer Einstellung unrecht hatte oder daß dem Mann in irgendeiner Weise Unrecht geschah. Er hatte die Ablehnung wirklich verdient. Zudem kann eine Trennung in Fällen, in denen ein Mann seine Frau oder seine Kinder körperlich und seelisch schwer mißhandelt, durchaus erforderlich sein.

Womit ich jedoch nicht übereinstimmen konnte, das war ihre Darstellung von Vergebung. Der Mann sollte für seine Sünden büßen, indem er total von der Familie isoliert wurde. Angenommen, du bekennst eine Sünde vor Gott und bittest ihn um Vergebung. Er antwortet dir: »Na klar, kein Problem, ich vergebe dir. Aber eins mußt du wissen, mit dieser letzten Sünde hast du das Quantum, das dir für dein Leben zustand, deutlich überschritten. Wenn du stirbst, kommst du in die Hölle!« Das ist nicht die Art und Weise, wie Gott uns vergibt.

Als ich die Frau mit diesem Beispiel herausforderte, fing sie an zu weinen.

»Du brauchst nicht zu weinen«, sagte ich, »ich verstehe dich sehr gut. Und Gott versteht dich auch. Aber du mußt ehrlich sein.

Gib ruhig zu, daß du deinem Mann im Augenblick nicht wirklich vergeben kannst. Gott wird dich bestimmt verstehen.«

Vergebung ist, wie gesagt, oft nicht einfach, und wir sollten auch nicht so tun, als ob sie es wäre. Nur entschiedene Christen sind überhaupt dazu in der Lage, also Menschen, die entschlossen sind, Gottes Willen zu tun und ihm unter allen Umständen zu gehorchen.

Wie soll man sich verhalten, wenn Sünden bekannt werden?

Bis jetzt habe ich Probleme im Zusammenhang mit der Tatsache angesprochen, daß derjenige, der einen anderen verletzt oder beleidigt hat, nicht um Vergebung bittet. Probleme ganz anderer Art ergeben sich jedoch, wenn jemand seine Schuld wirklich bereut. Zwei Punkte möchte ich hier besonders herausstellen, die speziell von geistlichen Leitern beachtet werden sollten.

Wir müssen aufpassen, daß wir nicht gegen den Sünder Stellung beziehen, sondern gegen die Sünde. Angenommen, Satan verführt eine gläubige Frau zur Sünde. Unwillkürlich tendiere ich vielleicht dazu, mich gegen Satan *und* die Frau zu stellen. Aber wer ist der eigentliche Feind? Satan! Ich sollte mich deshalb lieber mit der Frau zusammentun und gemeinsam mit ihr gegen Satan und gegen die Sünde zu Felde ziehen, indem wir zusammen beten und die zur Vergebung notwendigen Schritte einleiten. Jemand hat gesagt, daß der Teufel nie eine Gläubige umbringt; er verletzt sie nur, und andere Christen geben ihr dann den Rest. Es stimmt leider, daß die Gemeinde Jesu die einzige Armee ist, die ihre Verwundeten erschießt!

Wenn man sich um den Sünder bemüht, gehört Vertraulichkeit unbedingt dazu. Egal, ob einer zu den geistlichen Leitern zählt oder nicht, er muß in jedem Fall die Vertraulichkeit wahren, indem er die Sünden anderer Menschen nicht in die Öffentlichkeit trägt. Auch wenn bereits eine längere Zeit verstrichen ist oder die Umstände sich geändert haben, gibt einem das nicht die Berechtigung, nun plötzlich Dinge publik zu machen, die einem im Vertrauen mitgeteilt wurden.

Der zweite Punkt ist folgender: *Wenn du einer Person die Beichte abnimmst, laß sie zunächst ausreden. Anschließend kannst du weitere Fragen stellen, solltest ihr aber nie vorschnell die Vergebung zusprechen.* Warum diese Vorsicht? Nun, manchmal ist das Bekenntnis nicht ehrlich. Es gibt Menschen, die immer versuchen, einem anderen die eigentliche Schuld in die Schuhe zu schieben.

»Bruder Ortiz, ich muß dir bekennen, daß ich Ehebruch begangen habe. Aber im Grunde ist meine Frau schuld daran, weil sie mich überhaupt nicht beachtet. Sie behandelt mich wie den letzten Dreck. Und die andere Frau war immer so nett zu mir …« Dieser Mann sucht die Schuld bei allen anderen, nur nicht bei sich selbst. Es mag sein, daß andere mitschuldig sind, aber das macht seine Schuld nicht geringer.

Gewöhnlich sage ich in einem solchen Fall zu dem Betreffenden: »Geh nach Hause und bete noch einmal ernstlich über diese Sache. Ich meine, mit deinem Bekenntnis ist etwas faul. Du kannst morgen wiederkommen, dann sprechen wir weiter darüber.«

Wenn ich sehe, daß ein Mensch seine Schuld wirklich von Herzen bereut, daß er seine Sünde haßt, wie Gott sie haßt, und daß er begreift, welche Schande er über das Volk Gottes gebracht hat und wie schwer die Folgen sind, die bestimmte Leute aufgrund seines Verhaltens tragen müssen –, erst wenn ich das alles sehe, spreche ich ihm die Vergebung zu. Ich teile sie nicht einfach nur so aus, wie ich z. B. Weihnachtskarten verschicke.

Ein Mann aus meinem Team in Argentinien gründete in einer anderen Stadt eine neue Gemeinde und hatte zunächst offensichtlich Erfolg. Doch eines Tages fiel er in eine schreckliche Sünde.

Unter Tränen bekannte er mir seine Schuld. »Juan Carlos«, sagte er, »ich weiß, daß ich verkehrt gehandelt habe. Es ist einzig und allein meine Schuld. Sag mir bitte, was ich tun soll. Wenn du sagst, ich soll mir einen Mühlstein um den Hals hängen und mich damit in den Fluß stürzen, dann tue ich das. Wenn du meinst, ich soll nach Brasilien oder Australien auswandern, dann gehe ich dorthin. Sag mir einfach, was du am liebsten hättest.«

Ich teilte ihm mit, daß ich ihn laut unserer Kirchensatzung seines Amtes entheben müsse. Er werde kein Gehalt mehr bekommen, und es sei auch nicht sicher, ob er je wieder predigen dürfe.

Nach der Unterredung ging ich in mein Büro, um zu beten. Mein Gewissen machte sich bemerkbar und sagte: »Merkwürdig, wie glatt dir das von der Zunge gegangen ist! Solange dieser Mann positiv gearbeitet hat, hast du dich in seinem Ruhm gesonnt. Jetzt, wo er in Sünde gefallen ist, willst du dich nicht mit seiner Schuld identifizieren. Du läßt ihn einfach fallen wie eine heiße Kartoffel. Es ist dir egal, ob er vor Gram und Niedergeschlagenheit zugrunde geht – Hauptsache, du hast deine Haut gerettet! ›Der heilige Juan Carlos Ortiz duldet keine Sünde in seiner Gemeinde!‹ Doch du mußt wissen: Sein Versagen ist auch dein Versagen, so wie sein Erfolg dein Erfolg war. Er ist ein Teil von dir.«

Ich suchte meinen Freund auf und sagte zu ihm: »Bitte, vergib mir. Ich hatte dir nicht wirklich vergeben. Sonst wäre ich anders mit dir umgegangen. Ich hätte nicht darauf bestanden, daß du zuerst deine Schuld abbüßen mußt. Wir werden es folgendermaßen machen: Du bekommst dein volles Gehalt weiter, denn du brauchst es jetzt nötiger als je zuvor, weil du nicht mehr predigen kannst, solange du mit den Konsequenzen deiner Sünde beschäftigt bist.«

»Aber das ist doch verrückt«, protestierte er. »Weißt du denn nicht, was die anderen über dich und unsere Gemeinde sagen werden, wenn sie das hören?«

»Das hättest du dir vorher überlegen sollen, ehe du dich zur Sünde hinreißen ließest«, gab ich zurück. »Jetzt wirst du sehen, wieviel wir für deine Sünde bezahlen müssen. Aber wir haben dich lieb, und du gehörst zu uns, deshalb werden wir auch die Schuld gemeinsam tragen.«

Das taten wir dann auch. Die Kritik und das böse Gerede waren für meinen Freund schlimmer als die schlimmste Strafe, die ich ihm hätte auferlegen können. Er bat mich sogar, ich solle ihn entlassen, damit er außer Landes gehen könne.

»Nein, mein Lieber«, erwiderte ich entschieden. »Du bleibst hier, damit du lernst, daß das, was du getan hast, keine Bagatelle ist. Die Wiedergutmachung wird einige Zeit kosten.«

Dieser Mann lernte – und wir alle lernten es mit ihm –, was es Jesus gekostet hat, sich mit unseren Sünden zu identifizieren. Er hat sein Leben hingegeben für die Brüder, und wir sind aufgefordert, das gleiche zu tun. Jesus bekam die Schläge, die wir verdient hatten, und manchmal müssen wir auch ein paar Schläge einstecken, die eigentlich für unseren Bruder oder unsere Schwester in Christus bestimmt waren.

Vergebung ist, wie gesagt, nicht einfach. Von Natur aus neigen wir dazu, zurückzuschlagen, wenn uns einer angreift. Dazu braucht man keine Kraft, man muß nur seinen Reflexen gehorchen. Wirkliche Kraft ist erforderlich, um *nicht* zurückzuschlagen, und diese Kraft kann uns nur der Heilige Geist schenken, der die Selbstbeherrschung in uns wirkt. Daran führt kein Weg vorbei, wenn wir geistlich zur Reife gelangen wollen.

Wir vermögen alles durch Christus, der uns Kraft verleiht. Dazu gehört auch die Vergebung – und sei die Situation noch so wenig dazu angetan. Wenn wir in diesem Punkt gehorsam sind, befinden wir uns in der richtigen Stellung. Wir sind gereinigt von unseren Sünden und frei von allen ungelösten Problemen mit anderen und haben somit die besten Voraussetzungen, ein Gebetsleben zu pflegen, wie es nach Gottes Willen und Plan sein soll.

8 | *Betet ohne Unterlaß*

Gibt es in deiner Gemeinde eine oder mehrere Gebetsketten? Ich meine diese speziellen Listen, in die man sich einträgt, um beispielsweise jeden Abend von 19 bis 20 Uhr zu beten – oder sogar irgendwann mitten in der Nacht, was bedeutet, aus den warmen Federn zu kriechen, während vernünftige Leute im Land der Träume schweben! In den Gemeinden, die ich besucht habe, lautete ein ungeschriebenes Gesetz: Wer sich nicht an der Gebetskette beteiligt, ist nicht geistlich!

Also trug ich mich in die Liste ein. Wenn der vereinbarte Zeitpunkt kam, fing ich an zu beten. Nach einiger Zeit warf ich verstohlen einen Blick auf die Uhr: Erst 5 Minuten vorbei! Noch 55 Minuten zu absolvieren!

Warum geht es uns mit dem Beten oft so? Angenommen, dein Freund oder deine Freundin sagt bei einem Rendezvous nach der ersten Viertelstunde: »O Schreck, noch 3 Stunden muß ich mit dir zusammen sein!« Du würdest dich bestimmt fragen, ob ihm oder ihr überhaupt etwas daran gelegen ist, sich mit dir zu treffen. Ich glaube, Gott fragt sich das gleiche oft bei seinen Kindern, die im Gebet zu ihm kommen.

Welche Versammlung in der Gemeinde ist gewöhnlich am schlechtesten besucht? Gib es ruhig zu – die Gebetsstunde.

Manchmal ertappt man einen Prediger sogar dabei, daß er sagt: »Na ja, es ist halt *nur* eine Gebetsstunde!«

In den folgenden Kapiteln werde ich mich kritisch mit unserer herkömmlichen Auffassung über das Gebet auseinandersetzen. Grundsätzlich habe ich natürlich nichts gegen Gebet einzuwenden. Aber ich möchte gerne mit einigen Mißverständnissen in bezug auf die Art unseres Betens aufräumen.

Das Gebet ist eines der größten Geschenke Gottes an uns. Daß wir beten können, zeigt uns, daß wir Zutritt zu Gott haben. Unglaublich! Diesen Zutritt hat uns Christus durch seinen Opfertod am Kreuz erkauft. Dort litt er für uns, und durch sein vergossenes Blut wurde ein direkter Weg zum Thron unseres himmlischen Vaters gebahnt – eines Vaters, der bis zu diesem Zeitpunkt so fern und unnahbar gewesen war. Gebet ist das »Überschallgefährt«, mit dem wir zu Gott kommen können.

Dieser Weg steht jedem offen. Du magst ein reifer Christ sein oder ein Kind im Glauben. Du magst taub und stumm zugleich sein. Du magst Sünden begangen haben, die Gott mit Recht dazu veranlassen könnten, deine »Anrufe« zurückzuweisen. Aber eines trifft auf jeden von uns gleichermaßen zu, nämlich daß Gott uns hört! Man muß dazu nicht unbedingt in einer Kirche sein. Man muß nicht das treuste Glied in einer Gebetskette sein. Auch die tägliche »stille Zeit« ist nicht das Ausschlaggebende. Gott hört uns jederzeit und überall. Welch ein Geschenk!

Und weil das Gebet eine Gabe des Himmels ist, sind wir verpflichtet, gewissenhaft damit umzugehen. Wir müssen sie hegen und pflegen. Sonst werden wir immer wieder Enttäuschungen in unserem Wandel mit Gott erleben.

Beten – eine Tätigkeit oder ein Lebensstil?

Als Gott uns Zweibeiner mit der Fähigkeit des Betens ausgestattet hat, mag er sich gedacht haben: »Also, bestimmt werden diese Leute begeistert sein von der Möglichkeit, mit mir, ihrem Schöpfer, zu kommunizieren!« Leider haben wir aber das Gebet ins Gegenteil dessen verkehrt, was Gott beabsichtigt hatte. Es ist genauso, als wenn jemand dir ein Paar Schuhe schenkt und du sie als Blumentöpfe benutzt, während deine bloßen Füße kalt und blutig sind.

Die verkehrte Handhabung des Gebets ist ja bekanntlich nichts Neues. Schon den ersten Christen ließ der Apostel die Warnung zukommen: »Ihr bittet und empfangt nicht, weil ihr übel (oder: mit falschen Motiven) bittet, um es in euren Lüsten zu vergeuden« (Jakobus 4,3).

Kann Gebet, das sich an den einen wahren Gott richtet, denn von falschen Motiven geleitet, egoistisch und böse sein? Auch wenn es sich um Gebete von lieben Christen mit den besten Absichten handelt? Durchaus, und zwar häufiger als man denkt! Weil die Bibel sagt, daß Gebet fehlgeleitet sein, ja, daß es sogar in krassem Widerspruch zu den göttlichen Absichten stehen kann, möchte ich mich im folgenden mit einigen der wichtigsten Problemfelder auseinandersetzen. Der Rest dieses Kapitels ist dem ersten Problem gewidmet, das immer dort auftritt, wo das Gebet als Tätigkeit und nicht als Lebensstil betrachtet wird.

Angenommen, du beschließt, jeden Morgen von 6 Uhr bis 6 Uhr 30 zu beten. Das ist dann eine reine Aktivität. Es mag sogar eine gute Aktivität sein, wenn sie dir hilft, eine Beziehung zu Gott aufzubauen, die bisher an deiner fehlenden Disziplin gescheitert ist. Aber wenn das alles ist, was du an Gemeinschaft mit Gott aufzuweisen hast, dann hast du das Wesentliche nicht begriffen. Oder meint ihr Männer, eure Frauen wären zufrieden, wenn ihr jeden Tag eine halbstündige Unterhaltung mit ihnen einplant, sie aber die übrige Zeit komplett ignoriert?

Genauso ist es mit dem Gebet, denn Gebet ist Leben – Leben mit einem Gegenüber, das aufs innigste mit uns verbunden sein möchte; Leben mit dem, der die Quelle unseres Lebens ist, Jesus Christus. Ist er etwa nur ein durchreisender Gast, der schnell ein Butterbrot in die Hand gedrückt bekommen möchte, wenn er bei dir vorbeikommt? Nein! Er wohnt ja permanent in dir. Das wenigste, was du tun kannst, ist, auch permanent mit ihm im Gespräch zu sein.

Wir kennen alle den Bibelvers: »Betet unablässig (oder: ohne Aufhören)!« (1. Thessalonicher 5,17). Und da die meisten von uns sich sagen, daß das ja wohl nicht so ohne weiteres möglich ist, lesen wir aus dieser Stelle: »Betet viel!« Aber, so leid es mir tut, »ohne Aufhören« bedeutet wirklich ohne aufzuhören, nonstop. Das zeigt uns wieder, daß Beten keine Tätigkeit ist, sondern ein *Fluß*.

Nehmen wir an, du und ich wollen eine längere Autofahrt unternehmen. Ich informiere dich gleich zu Beginn: »Also, ich will mich gerne von 6 Uhr bis 6 Uhr 30 mit dir unterhalten. In der übrigen Zeit bin ich mit anderen Dingen beschäftigt, deshalb mußt du gut aufpassen und mir alles Wichtige in der besagten halben Stunde mitteilen.«

Das wäre doch dumm, oder nicht? Wir würden bestimmt nie so tun, als ob das Gespräch mit einem guten Freund für uns ein Opfer bedeute. Aber Gott gegenüber tun wir oft so, als sei unser Gebet ein echtes Opfer an kostbarer Zeit und an Einsatz. Ist Atmen für uns ein Opfer? Nein. Wir atmen, ohne überhaupt darüber nachzudenken. Im Gegenteil, wir können gar nicht aufhören zu atmen, höchstens für ein paar Sekunden die Luft anhalten.

In einem Lied heißt es: »Und er geht mit mir, und er spricht mit mir, und er sagt mir: Kind, du bist mein.« So sollte es sein. Mit Gott zu gehen und zu sprechen, sollte uns genausowenig anstrengen und ermüden wie das Atmen. Aktivität führt zur Erschöpfung, *Leben* nicht. Deshalb sollten wir es uns auch abgewöhnen, am Anfang eines neuen Jahres den Vorsatz zu fassen: »Dieses Jahr fange ich aber an zu beten!« Wir sollten mit dem Gebet nie anfangen und nie aufhören. Unablässiges Gebet heißt die Devise, denn Beten ist Leben. Sobald du aufhörst zu atmen, stirbst du. Und wenn du aufhörst zu beten, stirbst du geistlich – langsam, aber sicher. Gebet ist so etwas wie Atmen im Geist.

Ein Leben unter der Leitung des Geistes

Viele Leute meinen, der Gedanke, ein Leben im Heiligen Geist zu führen, sei zu tief. Aber er ist weder tief noch in irgendeiner Weise schwierig zu verstehen. *Im Heiligen Geist leben bedeutet, sich beständig der Innewohnung Christi bewußt zu sein.*

Ich betone: *beständig*. Oft wird uns die Gegenwart Jesu nur im Sonntagmorgengottesdienst richtig bewußt. »Oh, ich habe die Gegenwart Gottes heute in der Versammlung so wunderbar verspürt«, sagt vielleicht jemand. »Der Herr war wirklich da.«

Wo war er denn, ehe du den Saal betreten hast? Hing er etwa unter der Decke und wartete nur auf dein lautes Singen, um wach zu werden? Nein, wir bringen Christus bereits mit in den Gottesdienst, denn wir leben ja mit ihm. Natürlich ist es nichts Ungewöhnliches, seine Gegenwart verstärkt in einer Zusammenkunft von Gläubigen zu verspüren oder auch bei besonderen Gelegenheiten. Aber es ist ein Irrtum, Gott mit einer berühmten Person zu vergleichen, die nur bei Ereignissen mit genügend geistlicher Spannung auftritt. Wenn wir uns diese Denkweise zu eigen machen, bringen wir Gott in Verbindung mit Aktivität. Jesus ist nicht gekommen, um uns »Action« zu bringen. Er kam, um uns Leben zu bringen, überfließendes Leben – einen beständigen Fluß an Erfahrungen mit ihm.

Angenommen, ich gehe am Montag morgen zu deinem Haus. Ich klingele, aber keiner macht auf. Ich klingele wieder. Nichts rührt sich.

»Hallo!« rufe ich. »Ist jemand zu Hause?« Keine Antwort. Doch ich höre drinnen etwas rumoren und rufe wieder: »Hallo! Wie geht's dir?«

Weil du immer noch nicht antwortest, klinke ich schließlich die Tür auf und gehe ins Haus. Ich laufe hinter dir her in die Küche, ins Badezimmer, ins Schlafzimmer, und sage immer wieder: »Du, hör zu, ich möchte mit dir reden!« Ich folge dir zum Supermarkt, zu deiner Arbeitsstelle, aber du beachtest mich gar nicht. So geht es weiter, den ganzen Montag, den ganzen Dienstag, ja, die ganze Woche.

Endlich kommt der Sonntagmorgen, und du begrüßt mich mit strahlendem Lächeln an der Kirchentür. »Oh, Bruder Ortiz, wie schön, dich zu sehen, halleluja!« flötest du.

»Sei still!« sage ich. »Ich war die ganze Woche in deinem Haus. Ich bin überallhin mit dir gegangen. Aber du hast meine Anwesenheit überhaupt nicht zur Kenntnis genommen.«

Christus ist immer bei uns. Im Geist zu leben bedeutet, ständig in Verbindung mit ihm zu sein. Weshalb auf die nächste Gebetsstunde warten, wenn er dir bereits dort begegnet, wo du gerade bist?

Die beiden Jünger auf dem Weg nach Emmaus (Lukas 24) unterhielten sich über Jesus, und als er sich zu ihnen gesellte, gingen sie buchstäblich mit ihm. Trotzdem waren sie sich seiner Gegenwart gar nicht bewußt. Erst als sie das Dorf erreicht hatten und Jesus auf ihre Bitte hin mit ihnen eingekehrt war, gingen ihnen die Augen auf. Es war ja Jesus! Das mußten sie natürlich sofort weitererzählen – sie hatten ganz allein mit dem auferstandenen Heiland zu Abend gegessen! In aller Eile liefen sie nach Jerusalem zurück, um den anderen Jüngern davon zu berichten.

Allzuoft geht es uns wie den beiden Jüngern. Wir gehen mit dem König aller Könige spazieren, ja, befinden uns sozusagen »auf Tuchfühlung« mit ihm, aber in unserer Dummheit warten wir auf irgendeinen herrlichen Abendmahls- oder Anbetungsgottesdienst, um unsere Herzensaugen für seine Gegenwart öffnen zu lassen. Christus ist immer bei uns, deshalb sollten wir bei jedem Schritt auf dem staubigen Lebensweg völlige Gemeinschaft mit ihm haben.

Wir brauchen die enge Gemeinschaft mit Gott

Bedeutet eine gesunde, beständige Unterhaltung mit dem Herrn, daß man nie innehalten muß, um mit ihm allein zu sein? Ich möchte nicht, daß mich jemand falsch versteht. Ich sage nicht, daß diejenigen, die ihre tägliche »stille Zeit« zu halten gewohnt sind, mit dieser geistlichen Übung bzw. Tätigkeit aufhören sollen. Ganz im Gegenteil.

Ich spreche laufend mit meiner Frau, wenn ich zu Hause bin, und rufe sie oft von unterwegs aus an, wenn ich mich auf Reisen befinde. Aber manchmal sage ich: »Laß uns doch irgendwohin gehen und Kaffee trinken, wo uns weder das Telefon noch die Kinder stören, und in Ruhe darüber sprechen, wie wir das nötige Geld aufbringen können, um unseren Sohn aufs College zu schicken.« Ein andermal schlage ich vielleicht vor, daß wir uns zwei oder drei Tage Zeit füreinander nehmen, um in irgendeinem Hotel allein zu sein und uns auszuruhen.

Das Einhalten solcher speziellen Zeiten bedeutet nicht, daß ich mich vor der täglichen Unterhaltung mit meiner Frau drükken kann, und umgekehrt. Beides gehört unbedingt mit zu unserer Beziehung. Als ich Martha kennenlernte, unterhielten wir uns zunächst nur über ganz alltägliche Dinge, oft innerhalb der Gruppe. Aber als unser Verhältnis sich vertiefte, brauchten wir mehr Zeit für persönliche Gespräche, und zwar wir beide allein. Genauso ist es mit unserer Beziehung zu Jesus. Je mehr wir Freunde werden, um so mehr werden wir mit ihm allein sein wollen. Es geht dabei weder um Pflichterfüllung noch um Zwang oder Gesetzlichkeit. Es ist für uns auch keine Belästigung, kein langweiliger Eingriff in einen ansonsten spannenden Tagesablauf. Nein, es macht uns Freude, mit Gott allein zu sein und sich ungestört mit ihm unterhalten zu können.

Manchmal spreche ich mit Gott, während ich mich auf einer längeren Autofahrt befinde, und spüre plötzlich, daß er meine ungeteilte Aufmerksamkeit haben möchte. Dann sage ich zu ihm: »Warte bitte einen Augenblick! Laß uns diese Sache gründlicher durchsprechen!« Ich halte an und habe nun Gedanken und Sinne vollkommen frei, um das Gespräch mit Gott zu Ende zu führen. Sobald ich begriffen habe, was der Herr mir klarmachen wollte, lasse ich den Motor wieder an und fahre weiter.

Besondere Gebetszeiten einzuhalten, ist sicher gut und richtig, aber wenn sich unsere Gemeinschaft mit Gott nur darin erschöpft, ist es nicht mehr als reine *Aktivität*. Die persönliche »stille Zeit« sollte die natürliche Fortsetzung und Folge unseres beständigen Gebetslebens sein, geboren aus dem tiefen Wunsch, noch engere Gemeinschaft mit Gott zu pflegen. Eine regelmäßige Gebetszeit ist gewiß besser, als überhaupt nicht mit Gott zu sprechen oder nur auf den emotionalen Höhepunkt im Sonntagmorgengottesdienst fixiert zu sein. Aber diese tägliche Verabredung mit dem Herrn wird nie das werden, was sie eigentlich sein sollte, wenn wir nicht eine Beziehung aufbauen, die uns das Verlangen gibt, beständig mit Gott Gemeinschaft zu haben.

9 | *Ist Gott schwerhörig?*

Wenn ich von einer größeren Reise zurückkomme, holt meine Frau mich gewöhnlich am Flughafen ab. Ich bin die Strecke zwischen meinem Haus und dem Flughafen schon so oft gefahren, daß ich wahrscheinlich mit geschlossenen Augen hinfinden würde.

Trotzdem sagt meine Frau jedesmal: »An der nächsten Ecke rechts!« »Jetzt links halten, weil du gleich links abbiegen mußt!«

All das weiß ich natürlich längst selber. Aber ich nehme es widerspruchslos hin. Manch einer mag sich fragen, warum ich mir diese ganzen unnötigen Instruktionen überhaupt gefallen lasse. Nun, ich weiß, daß Martha das einfach um ihrer selbst willen braucht, aus welchem Grund auch immer. *Ich* bin zwar nicht auf ihre Erklärungen angewiesen, *sie* aber auf das Aussprechen derselben.

Auf geistlichem – oder vielleicht sollte ich sagen religiösem – Gebiet sagen und tun wir oft Dinge, weil sie für *uns* notwendig sind, nicht aber für Gott. Je mehr wir im Glauben wachsen, um so wahrscheinlicher ist es, daß wir nach und nach etliche dieser Gewohnheiten ablegen.

Ich komme nun zu einem weiteren Problem in bezug auf das Gebet: *Gebet muß nicht ständig wiederholt werden.* Gewiß hat Gott sehr viel Geduld mit uns und weiß, wie wir's meinen, deshalb ist es nicht allzu schlimm, sich im Gebet zu wiederholen. Aber Gott ist nicht taub. Er ist auch nicht schwer von Begriff. Er hört uns gleich beim ersten Mal.

Ich möchte hier keine heilsentscheidende Lehre verkünden, sondern einfach auf einen Aspekt des Gebets hinweisen, der manch einem vielleicht noch nicht aufgegangen ist. Bitte, hab etwas Geduld mit mir! Es mag sein, daß Gott dir einen effektiveren Weg des Betens zeigen möchte.

Wach auf, Herr!

Bevor wir uns im einzelnen mit Gebetswiederholung befassen, wollen wir zunächst unser typisches Gebetsverhalten anschauen. Häufig fangen wir so an, als sei Gott sehr weit weg: »O HERR! HÖRE UNSER GEBET!« Dabei setzen wir Lautstärke oft mit Herzensaufrichtigkeit gleich. »STRECKE DEINE HAND AUS! TU ETWAS! HEILE! RETTE!« Und so geht es weiter. Wie stellst du dir das eigentlich vor? Daß diese Hand sich dir von einem Ort irgendwo im All, 500 Billionen Lichtjahre entfernt, entgegenstreckt, oder aus deinem Herzen und dem deiner Mitchristen?

Wie sagte doch Johannes der Täufer: »Das Reich der Himmel ist nahe gekommen!« Und dann zu Pfingsten: Dort erfüllte sich die Verheißung Jesu; der Heilige Geist kam, um in den Menschen Wohnung zu nehmen. »Christus in uns, die Hoffnung der Herrlichkeit.« Er hat sich nicht zurückgezogen. Er ist immer noch Immanuel, *Gott mit uns!*

Ich mokiere mich keineswegs darüber, daß Menschen beim Gebet oder bei der Anbetung laut zum Herrn rufen oder sogar schreien. Wenn dir das eine Hilfe ist, tu es! Aber Gott ist nicht darauf angewiesen. Und wenn du es dir zur Gewohnheit gemacht hast, deine Gebete per Lautsprecher kundzutun, solltest du dich auf jeden Fall vor der Annahme hüten, die zusätzliche Lautstärke sei notwendig, um einen Gott, der sich ziemlich weit von dir entfernt hat, zu erreichen.

Die gleiche Einstellung ist es, die uns glauben macht, wir müßten unsere Gebete ein ums andere Mal wiederholen. Wir mögen vielleicht verschiedene Formulierungen benutzen, sagen aber im Grunde immer das gleiche. Wir versuchen z. B., die gleiche Bitte noch geschliffener vorzutragen als die Schwester, die vor uns gebetet hat. Wir meinen, Gott müßte doch endlich begreifen oder sich erweichen lassen, wenn wir jeden Tag ein und dasselbe Gebet wiederholen: einen Monat lang, vielleicht sogar über einige Jahre.

Wir behandeln Gott so, als sei er ein Spielautomat. Man wirft eine Münze ein, zieht einen Hebel und wartet, ob man gewinnt. Wenn ja, kann man zufrieden nach Hause gehen. Wenn nein, versucht man es vielleicht noch einmal und noch einmal – solange das Kleingeld reicht – und wartet immer auf den »Riesengewinn«. Unsere Gebete lassen sich oft mit solchen Spielmünzen vergleichen: Einwerfen – ziehen, einwerfen – ziehen. Immer und immer wieder!

Ich kann mir nicht helfen, aber manchmal habe ich wirklich den Eindruck, daß die Wiederholung derselben Gebete einfach ein Zeichen dafür ist, daß Menschen zweifeln. Man operiert auf einer 40%igen Glaubensbasis und denkt, wenn Gott vielleicht nur 40 % der Gebete hört, sollte man besser eine geballte »Schrotladung« loslassen, um die anderen 60 % auch zu treffen! Jakobus warnt klar davor, Gebet mit Zweifel zu vermischen: »Er bitte aber im Glauben, ohne zu zweifeln; denn der Zweifler gleicht einer Meereswoge, die vom Wind bewegt und hin und her getrieben wird. Denn jener Mensch denke nicht, daß er etwas von dem Herrn empfangen werde« (Jakobus 1,6-7).

Viele von uns kennen Gebetslisten. Jeden Morgen geht man die Liste durch und fühlt sich besser. Schafft man es einmal nicht, plagen einen nicht geringe Schuldgefühle. An gewissen Tagen ist man geistlich so »fit«, daß man sie sogar am Nachmittag ein zweites Mal durchgeht, und hat anschließend den starken Eindruck, sich damit bestimmt ein paar »Extrapunkte« gesammelt zu haben.

Ich bezweifle nicht, daß Gott all diese Gebete hört. Aber überlege einmal – will Gott, daß du *Religion* hast, oder liegt ihm nicht viel mehr an einer lebendigen Beziehung zu dir? In einer lebendigen Beziehung spricht man häufig miteinander, auf jeden Fall mehrmals täglich, und jedesmal über etwas anderes. Stell dir vor, du würdest jeden Tag die gleiche Unterhaltung mit deinem Ehepartner führen. Selbst wenn du hier und da ein anderes Wort benutzt, so bleibt der Inhalt doch der gleiche. Ich bin sicher, ihr würdet beide sehr bald das Interesse daran verlieren.

Noch einmal: Ich verurteile keinen, der mehrmals für die gleiche Sache betet. Gott als unser Schöpfer versteht uns, und er hat uns mit Gefühlen ausgestattet. Unser Seelenleben ist so beschaffen, daß wir uns nach Vertrautheit sehnen und uns in dem, was wir kennen, am wohlsten fühlen. Denken wir nur an unsere Gottesdienste. Es gibt gewisse Dinge, die wir einfach erwarten und die uns beinahe heilig sind (obwohl wir das natürlich nie zugeben würden): die Orgel, der Chor mit seinen speziellen Gewändern oder der Programmablauf. Diese Dinge bilden für uns den Rahmen, der am besten unserer Vorstellung von Gottes Heiligkeit entspricht und der Anbetung angemessen scheint.

Ich vergleiche all diese religiösen »Verzierungen« und Gewohnheiten gerne mit einem Gewürzbord. Ich kann meine Nudeln auch ohne Basilikum, Oregano und Knoblauch essen. Aber weil Gott mir den Geschmackssinn gegeben hat, ist es ganz natürlich, daß ich sie lieber zu mir nehme, wenn meine Geschmacksknospen durch die entsprechenden Gewürze angeregt werden. Dennoch bleibt der Nudelteig im Grunde gleich. Er füllt meinen Magen, ob mit oder ohne Gewürze. Auch sein Nährwert verändert sich dadurch nicht. Also: *Wir* mögen darauf angewiesen sein, unsere Bitten zu wiederholen, aber *Gott* nicht.

Was die Bibel zu diesem Thema sagt
Steht irgendwo in der Bibel geschrieben, daß derjenige, der seine Gebete möglichst oft wiederholt, viel empfängt? Nein, dem, der *glaubt*, wird es zur Gerechtigkeit gerechnet, und seine Gebete werden erhört!

Erinnere dich bitte an Paulus und seinen »Dorn im Fleisch«, einen Angriff Satans. Das war für den Apostel so schlimm, daß er dreimal den Herrn anflehte, er möge von ihm ablassen (siehe 2. Korinther 12,8). *Dreimal!* Wenn ein derart schwieriges Problem Paulus veranlaßte, dreimal zu beten und dies noch dazu in seinem Brief zu erwähnen, kann ich mir vorstellen, daß er normalerweise nur einmal für eine Not zu Gott flehte, in besonders schwierigen Fällen vielleicht auch zweimal. Jesus betete im Garten Gethsemane ebenfalls dreimal und bat den Vater, er möge ihm das, was vor ihm lag, ersparen. In beiden Fällen, sowohl bei Jesus als bei Paulus, lautete die Antwort Gottes auf dreimaliges Gebet »nein«.

Wir wiederholen unsere Gebete natürlich nur, weil wir, wie der Automatenspieler, noch nicht gewonnen haben. Unser Gebet ist noch nicht erhört, jedenfalls soweit wir das beurteilen können. Gott ist jedoch nicht verpflichtet, uns umgehend zu antworten, auch nicht in der Zeit, die wir ihm manchmal vorschreiben wollen. Vielleicht möchte er eine Weile warten, ehe er uns Antwort gibt, aber ob er bis dahin wirklich immer wieder an die Sache erinnert werden muß? Ich glaube nicht.

Besonders eindrucksvoll werden uns die unterschiedlichen Ansichten in bezug auf dieses Prinzip bei der Auseinandersetzung Elias mit den Baalspriestern auf dem Berg Karmel vor Augen geführt. Die Baalspriester schrien vom Morgen bis zum Abend zu ihrem Gott und wurden dabei zunehmend hysterisch. Sie tanzten um den Altar und brachten sich mit Messern und Spießen tiefe Schnittwunden bei.

Dann war Elia an der Reihe. Nachdem er die Chancen für Gott noch weiter vermindert hatte, indem er das Feuerholz auf dem Altar mit Wasser begießen ließ, sprach er ein einziges, noch dazu ziemlich kurzes Gebet. Und Gott antwortete. Er ließ Feuer vom Himmel fallen.

Das Verhalten der Baalspriester ist insofern typisch, als die meisten Weltreligionen die Praxis ständiger Gebetswiederholungen kennen. Wenn man bedenkt, daß manche von ihnen Götzenbilder aus Stein oder Holz anbeten, ist das auch gar nicht verwunderlich. Ihre Götter sind buchstäblich »schwer von Begriff«. Aber unser Gott ist ganz anders! Er ist die höchste Intelligenz, und wir sind in seinem Bild erschaffen. Wir mögen ihn zwar manchmal nicht hören, aber er hört uns immer.

Aber was ist mit …?
Wenn du deine Bibel gut kennst, wirst du jetzt vielleicht lautstark protestieren.

Schauen wir uns das Gleichnis von der beharrlichen Witwe aus Lukas 18 an. Der Richter in dieser Geschichte sagte: »Weil diese Witwe mir Mühe macht, will ich ihr Recht verschaffen, daß sie nicht am Ende komme und mir ins Gesicht fahre« (18,5).

Jesus hat uns das Verhalten dieser Witwe bestimmt nicht als ein »Gebetsmuster« empfohlen und gesagt, wir sollten Gott androhen, ihm durch unsere ständigen Wiederholungen das Leben schwerzumachen.

Ich glaube, wir müssen dieses Gleichnis im Zusammenhang sehen. Unmittelbar vorher, in Lukas 17,20, fängt Jesus eine Diskussion darüber an, wann das Reich Gottes in seiner Fülle anbricht. Beim Übergang ins 18. Kapitel erklärt Lukas, das Gleichnis solle dazu dienen, »daß sie allezeit beten und nicht ermatten sollten« (18,1). Und unmittelbar nach dem Gleichnis sagt Jesus: »Doch wird wohl der Sohn des Menschen, wenn er kommt, den Glauben finden auf der Erde?« (18,8).

Die Witwe in diesem Gleichnis suchte Schutz vor ihrem Widersacher, und unser Widersacher ist der Teufel mit all seinen bösen Machenschaften auf dieser Erde. Die Gemeinde Jesu gleicht der Witwe, sie leidet oft großes Unrecht in einer weitgehend von Satan beherrschten Welt. Ihr beständiges Gebet lautet deshalb: »Herr, wann schaffst du mir Recht gegenüber meinem Widersacher? Wann wird endlich wahre Gerechtigkeit herrschen?« Es geht hier also nicht um die Wiederholung eines bestimmten Gebets, sondern darum, daß wir unsere Stellung behaupten. Es wird keine wahre Gerechtigkeit auf dieser Erde geben, bis Jesus wiederkommt. Dürfen wir in der Zwischenzeit »ermatten«? Keinesfalls! Jesus möchte bei seinem Kommen »Glauben auf der Erde« finden.

Ein ähnliches Beispiel ist das vom beharrlichen Freund aus Lukas 11. Ein Mann geht um Mitternacht zu seinem Freund und bittet ihn um Brot, da er unerwartet Besuch bekommen hat. Zunächst wird seine Bitte aufgrund der späten Stunde zurückgewiesen. Doch dann heißt es: »Ich sage euch, wenn er auch nicht aufstehen und ihm geben wird, weil er sein Freund ist, so wird er wenigstens um seiner Unverschämtheit willen aufstehen und ihm geben, soviel er braucht« (11,8).

Der Schlüssel zur Gewährung seiner Bitte war die unverschämte Kühnheit dieses Mannes, der mitten in der Nacht bei seinem Freund hereinplatzte. Was die Länge des Bittens angeht, so waren es höchstwahrscheinlich nicht mehr als zehn oder fünfzehn Minuten – keinesfalls Monate oder gar Jahre, wie es bei unseren Gebeten häufig der Fall ist. Was mir an diesem

Gleichnis wichtig erscheint und was Jesus ganz besonders herausstellen wollte, ist die Tatsache, daß Beten zu keinem Zeitpunkt unangebracht und keine Bitte zu groß ist.

Noch ein Wort zur Freundschaft: Die Freundschaft seines Nachbarn reichte bei dem Mann nicht aus, um ihm die Tür zu öffnen. Erst seine Kühnheit brachte dies zustande. Ich entnehme daraus, daß man nicht in einer absolut richtigen Stellung zu Gott stehen muß, um erhörlich beten zu können. Vielleicht hat deine Beziehung zum Herrn, bedingt durch Sünde oder Unachtsamkeit, Schaden gelitten. Trotzdem solltest du die Hoffnung nicht aufgeben. Gottes Ohren stehen jedem offen, der unverschämt genug ist, sich trotz allem im Gebet an ihn zu wenden.

Du magst aus den Gleichnissen Jesu etwas anderes herauslesen als ich, aber ich möchte abschließend noch eine letzte ganz klare Aussage unseres Herrn anführen: »Wenn ihr aber betet, sollt ihr nicht plappern (oder: sinnlos wiederholen) wie die Heiden; denn sie meinen, daß sie um ihres vielen Redens willen erhört werden« (Matthäus 6,7). Gott, dem wir dienen, hat uns so lieb, daß er freiwillig sein Leben in uns hineingelegt hat. Er möchte die Beziehung zwischen sich und uns nicht auf das Niveau »sinnloser Wiederholung« reduziert sehen, ein Niveau langweiliger Listen und vorgefaßter Formulierungen. Was er möchte, ist ein beständiger Dialog, denn er hört uns, wie gesagt, gleich beim ersten Mal und will, daß wir ihm ebenfalls zuhören – und nicht zu sehr mit unserem eigenen Geplapper beschäftigt sind.

10 | *Frieden im Gebet*

Die Hochzeitsfeier in Kana war so schön wie erhofft. Vielleicht sogar ein bißchen zu schön – die Gäste hatten den gesamten Weinvorrat aufgebraucht!

Auch Maria und Jesus befanden sich auf dem Fest. Obwohl sein Dienst noch nicht groß zur Entfaltung gekommen war, wußte sie, daß ihr Sohn ganz bestimmt etwas tun konnte, um dieses kleine Problem zu beheben – etwas, wozu kein anderer in der Lage war.

»Sie haben keinen Wein«, teilte Maria Jesus mit. Das war alles. Sie sagte nicht: »Junge, mach bitte Wein!«

Hier liegt ein gewaltiger Unterschied, den wir unbedingt beachten müssen, wenn wir wirklich verstehen wollen, was Beten ist. *Maria sprach die Not aus, aber sie diktierte nicht die Lösung.* Sie brachte einfach das Problem zu Jesus und überließ ihm den Rest. Für sie war das Problem damit erledigt.

Marias Verhalten zeigt uns den Schlüssel, wie wir zu Gott kommen und Frieden haben können. Wir Menschen neigen von Natur aus dazu, uns immer Sorgen zu machen. Sorge ist uns angeboren, genau wie Rebellion. Wir brauchen keine spezielle Ausbildung, um zu lernen, wie wir uns Sorgen machen können. Viel schwieriger ist es, uns zu wahrem Herzensfrieden erziehen zu lassen. Doch je mehr wir uns darauf ausrichten, um so leichter und besser wird die Verbindung zwischen uns und Gott florieren.

Gott hat alles zu unserem Frieden getan

In Jesaja 53,3 heißt es im Hinblick auf Jesus: »Er war verachtet und von den Menschen verlassen, ein Mann der Schmerzen und mit Leiden vertraut, wie einer, vor dem man das Gesicht verbirgt. Er war verachtet, und wir haben ihn nicht geachtet.« Warum wurde dieser wunderbare Jesus verachtet und abgelehnt? Warum war er ein Mann der Schmerzen, der durch solch tiefe Leiden gehen mußte? Er tat nie einem Menschen etwas zuleide, ganz im Gegenteil: er heilte sehr viele. Er tat nichts, was Spott und Leid verdient hätte.

In den nachfolgenden Versen wird uns die Antwort auf diese schwierige Frage gegeben: »Jedoch *unsere* Leiden – *er* hat sie getragen, und *unsere* Schmerzen – *er* hat sie auf sich geladen ... Doch er war durchbohrt um *unserer* Vergehen willen, zerschlagen um *unserer* Sünden willen. Die Strafe zu *unserem* Frieden lag auf ihm, und durch seine Striemen ist *uns* Heilung geworden« (Jesaja 53,4-5).

Die schrecklichen Leiden hatten also nichts mit Jesus zu tun, sondern mit uns. Er hatte sie nicht verdient, sondern wir. Er nahm das Leid, den Schmerz und die Strafe, die wir wegen unserer Sünde verdient hatten, auf sich und trug sie an unserer Statt. Er tat es, damit wir Frieden hätten und es uns gut ginge.

Obwohl uns dies alles sicher bekannt ist, wissen wir aus Erfahrung, daß es gar nicht so einfach ist, Sorgen einfach auszuschalten. Satan vergreift sich sogar an dem, was Jesus bereits vollbracht hat. *Er möchte, daß die Gotteskinder nochmals für das bezahlen, was Gottes Sohn längst bezahlt hat.* Es gibt so viele Sorgen selbst unter Gläubigen, daß man sich fragt, wieso die Kluft zwischen dem Frieden, den Gott uns erworben hat, und dem Frieden, zu dem wir Christen tatsächlich hingelangt sind, so groß sein muß.

Ich behaupte nicht, daß Jesus gestorben ist, um uns von allen Schwierigkeiten zu befreien. Ich sage auch nicht, daß uns Not und Schmerzen in jeder Form erspart bleiben müssen. Wenn ein lieber Mensch stirbt, ist es nur natürlich, daß wir um ihn trauern. Und wenn wir krank sind, dann geht es meistens nicht ohne

Schmerzen ab. Wir könnten ja gar nicht »mit den Weinenden weinen« (Römer 12,15), wenn es keinen berechtigten Grund dazu gäbe.

Denken wir an Hiob. Dieser Mann lebte wirklich in Saus und Braus. Satan dachte, wenn Gott ihm gestatten würde, Hiobs kleines Paradies gründlich durcheinanderzubringen, dann würde Hiob Gott bestimmt verfluchen. Gott ließ sich auf diesen Handel ein, und wir wissen, wie die Geschichte ausging. Hiob grub tief und fand etwas, was beständiger und kostbarer war als alle seine Reichtümer, seine großen Viehherden und sogar als seine Kinder – nämlich Frieden mit Gott. Dieser Frieden ließ ihn das Böse genauso wie das Gute aus der Hand Gottes annehmen, in dem Bewußtsein, daß der Herr alles unter Kontrolle hatte.

Jeder von uns macht in seinem Leben die gleichen Erfahrungen wie Hiob, und zwar insofern, als nicht immer alles glatt geht. Das trifft auf jeden Menschen zu. Trotzdem sollte es etwas geben, was uns von denjenigen unterscheidet, die Gott nicht kennen. Selbst wenn alles schiefläuft, sollten wir eine andere Reaktion, ein anderes Verhalten aufweisen als sie. Wir besitzen den Frieden Gottes, sie nicht.

Nicht der Frieden dieser Welt

Die Erlösung ist mehr als eine Versicherungspolice gegen eventuelle ungemütliche Verhältnisse in der Ewigkeit. Die Erlösung gilt bereits hier und jetzt. Wenn wir an den Sohn Gottes glauben, haben wir jetzt schon ewiges Leben, und das sollte zumindest stückweise in unserer irdischen Umgebung zu sehen sein. Genau wie einst Schadrach, Meschach und Abed-Nego sollten wir selbst im Feuerofen nicht verzweifeln, sondern vor Freude springen.

Was hält uns nur davon ab? Ein großes Problem ist, daß wir uns durch die verschiedenen Arten von Frieden verwirren lassen. Jesus hat gesagt: »Frieden lasse ich euch, *meinen* Frieden gebe ich euch; nicht wie die Welt gibt, gebe ich euch. Euer Herz werde nicht bestürzt, sei auch nicht furchtsam« (Johannes 14,27).

Der Frieden, den die Welt gibt, ist das, was man erlebt, wenn man ein gutes Gehalt, eine stabile Gesundheit, gehorsame Kinder, einen liebevollen Ehepartner, zwei neue Autos, einen guterzogenen Hund und unzählige Kabelanschlüsse sein eigen nennt.

Und doch stellen Menschen, die all dies und noch viel mehr besitzen, oft fest, daß sie keinen tiefen, bleibenden Frieden haben. Es ist lediglich die Definition, die die Welt für Frieden hat – ein Nichtvorhandensein von äußeren Schwierigkeiten.

Der Frieden, den Jesus gibt, »übersteigt allen Verstand« (siehe Philipper 4,7). Es gibt vielleicht gar keinen äußeren Anlaß für diese Art von Frieden. Deine Umstände mögen alles andere als positiv sein, dennoch hast du diesen nicht zu beschreibenden Frieden. Ihn besaßen Paulus und Silas im Gefängnis. Eigentlich hätten sie allen Grund gehabt zu klagen. Oder sie hätten ihre Religiosität hervorkehren und Gott bitten können, ihre Füße aus dem Block zu befreien. Ganz bestimmt fühlten sie sich nach ein, zwei Stunden höchst ungemütlich darin! Statt dessen beteten und sangen sie Loblieder zu Gott, obwohl gerade der Dienst für ihn sie in diese mißliche Lage hineingebracht hatte. Kein Wunder, daß der Gefängnisaufseher, als er sich solchen Menschen gegenübersah, erschüttert fragte: »Ihr Herren, was muß ich tun, daß ich errettet werde?« (Apostelgeschichte 16,30). Er wußte, daß sie etwas hatten, was er nicht besaß.

Paulus und Silas waren in der Lage, ihm zu diesem merkwürdigen Frieden zu verhelfen. Natürlich war es kein menschlicher Friede, sondern der Friede, von dem Jesus gesagt hatte: »*Meinen* Frieden gebe ich euch.« Der Friede, den Christus gibt, ist in ihm begründet, und wir können ihn nicht mehr verlieren, wenn er erst bei uns eingezogen ist. Wie leicht ist es dagegen, den Frieden der Welt wieder zu verlieren – die Kinder enttäuschen uns, die Ehe verliert den Glanz, der Arbeitsplatz geht plötzlich verloren, Krankheit und Tod treten zwangsläufig ein, und der »brave« Hund zerbeißt das Fernsehkabel, gerade bevor deine Lieblingssendung anfängt. Die Zerbrechlichkeit weltlichen Friedens macht es praktisch unmöglich, seine flüchtigen Erscheinungen in Ruhe zu genießen.

Ein »Wurf« für den Frieden

Obwohl Jesus derjenige ist, der uns Frieden gibt, haben wir dennoch eine Aufgabe zu erfüllen, so wie es im 1. Petrusbrief geschrieben steht: »… indem ihr alle eure Sorge auf ihn werft; denn er ist besorgt für euch« (1. Petrus 5,7). Wir kommen irgendwann an einen Punkt, an dem unser Wille gefordert ist.

Jeder von uns hat die Wahl, entweder seine Sorgen auf Jesus zu werfen oder sie festzuhalten. Jesus ist nur zu gern bereit, alle unsere Lasten auf sich zu nehmen. Die Bibel erklärt, daß er durch seinen Tod sowohl für unsere Sünden als auch für die in einer gefallenen Welt unvermeidlichen Sorgen gesorgt hat.

Manche Leute halten dies für sehr schwierig. »Wie soll ich das denn machen?« fragen sie. Aber so schwierig ist es gar nicht. Wenn sich Sorgen einschleichen wollen, solltest du sofort reagieren und dir sagen: »Moment mal, ich mache mir ja Sorgen! Menschlich gesprochen, habe ich zwar allen Grund dazu, aber ich will es einfach nicht. Ich will alle meine Sorgen auf Jesus werfen, denn er sorgt für mich!«

Viele Christen meinen, die Stelle aus dem 1. Petrusbrief sei nur mit Einschränkungen zu genießen. Etwa so: »Du solltest zwar deine Sorgen auf den Herrn werfen, aber trotzdem selber auch etwas tun, denn im Grunde ist es ihm ziemlich egal, wie es dir geht.« Oder aber: »Wirf die großen Sorgen ruhig auf ihn, aber kümmere dich um die kleinen.« Gottes Wort sagt jedoch etwas ganz anderes: Wir sollen *alle* unsere Sorgen auf Jesus werfen. Das hat seinen guten Grund und dient, wie wir noch sehen werden, nicht nur dazu, uns sorgenfrei zu machen.

Vielleicht ist es dir immer noch nicht ganz klar, wie du deine Sorgen tatsächlich auf den Herrn werfen und dabei sicher sein kannst, daß sie nicht auf dich zurückschnellen und eventuell sogar in der Zwischenzeit noch größer geworden sind. Wir wollen uns deshalb die »Gebrauchsanweisung«, die dem Frieden, der allen Verstand übersteigt, beiliegt, etwas näher ansehen. Da heißt es:

»Freut euch im Herrn allezeit! Wiederum will ich sagen: Freut euch! ... Seid um nichts besorgt, sondern laßt in allem durch Gebet und Flehen mit Danksagung eure Anliegen vor Gott kundwerden; und der Friede Gottes, der allen Verstand übersteigt, wird eure Herzen und eure Gedanken bewahren in Christus Jesus. Übrigens, Brüder, alles, was wahr, alles, was ehrbar, alles, was gerecht, alles, was rein, alles, was liebenswert, alles, was wohllautend ist, wenn es irgendeine Tugend (oder: Vortrefflichkeit) und wenn es irgendein Lob gibt, das erwägt!« *Philipper 4, 4.6-8*

Freut euch! Das ist ein guter Anfang. Vielleicht fällt es dir schwer, dich zu freuen, wenn du Sorgen hast, aber sobald du den »Freudengang« einlegst, wirst du merken, daß die Sorgen nicht mehr dazu passen.

Seid um nichts besorgt! Das ist ein direkter Befehl. Wenn wir bewußt ins Sorgen hineinschlittern und nichts dagegen unternehmen, dann ist das Sünde. Gott drückt keinesfalls ein Auge zu, wenn wir uns über schwerwiegende Dinge Sorgen machen, denn der Befehl, um *nichts* besorgt zu sein, bezieht sich eben nicht nur auf Bagatellen. Vielmehr gibt es bei großen Sorgen oder vermehrten Sorgen quasi eine »Anleitung für Fortgeschrittene«: »Sondern laßt in allem durch Gebet und Flehen mit Danksagung eure Anliegen vor Gott kundwerden.« Wenn du dein Problem im Gebet zu Gott gebracht hast, brauchst du es nicht zurückzunehmen. Deswegen heißt es »mit Danksagung« – wenn du weißt, daß es in Gottes Händen ist und du dir keine Sorgen mehr darüber zu machen brauchst, hast du wirklich allen Grund, dankbar zu sein.

Wenn der Teufel auf der Suche nach einer Ritze in deiner geistigen und geistlichen Rüstung ist, um dir die Sorgen von neuem unterzuschieben, dann stell dir einfach vor, du hättest es mit Gott wie mit einem Rechtsanwalt zu tun. Wer von uns würde seinen Fall einem Rechtsanwalt übergeben, die Kosten für seine Dienste bezahlen und dann sagen: »Moment mal, ich will mich doch lieber erst selber um die Sache kümmern. Lassen Sie mich darüber nachdenken und mir Sorgen machen, vielleicht kommt es ja wie durch ein Wunder zu einer Lösung!«? Hoffentlich keiner.

Sobald wir unsere Sorge vor dem Thron Gottes abgeladen haben, dürfen wir damit rechnen, daß sein Friede, der allen Verstand übersteigt, uns erfüllt. Dazu ist es nicht einmal nötig, auf eine Veränderung der Umstände zu warten. Wir dürfen Frieden des Geistes und der Seele genießen, sobald wir unser Problem dem Herrn übergeben haben, nicht erst, wenn wir die Lösung sehen. Doch es gibt noch mehr zu gewinnen, wenn wir den Sieg über unsere Sorgen davontragen.

11 ∥ Unbrauchbar durch Sorge

Ich sprach auf einer Konferenz für geistliche Leiter irgendwo in den Vereinigten Staaten, als mich jemand in meiner Rede unterbrach:

»Pastor Ortiz, wie können Sie sagen: ›Mach dir keine Sorgen‹, wenn die Menschen in Äthiopien scharenweise verhungern?«

»Machen Sie sich Sorgen wegen der Äthiopier?« fragte ich ihn.

»Ja, natürlich«, gab er zurück.

»Hören Sie auf, sich Sorgen zu machen«, sagte ich. »Schreiben Sie lieber einen dicken Scheck aus und schicken Sie ihn dorthin. Und, wie gesagt, machen Sie sich keine Sorgen.«

Einfach nur Geld auszuteilen, ist gewiß nicht die Antwort auf jede Not. Vielleicht möchte Gott, daß du nach Äthiopien gehst und dort arbeitest. Vielleicht möchte er auch, daß du Briefe an Regierungsmitglieder schreibst und sie bittest, Hilfslieferungen zu organisieren. Vielleicht will er aber auch gar nicht, daß du dich mit den Problemen in Äthiopien befaßt. Die Tatsache, daß du dir eines Problems bewußt bist, bedeutet noch längst nicht, daß du den »Retter in der Not« spielen mußt. Die Probleme auf der Welt sind viel größer als dein Scheckbuch und bestimmt in deinem gesamten Leben nicht zu bewältigen. Tu, was du meinst, tun zu müssen, und mach dir im übrigen keine Sorgen.

Der besagte Mann, dem die Not in Äthiopien ein solches Anliegen war, hatte das Gefühl, etwas für die Menschen dort zu tun, indem er sich Sorgen machte. Und hier kommen wir zu einem üblen Trick, den uns die Sorgen spielen: Man meint, etwas Konstruktives zu leisten, indem man sich Sorgen macht. Doch das Gegenteil ist der Fall. Lassen wir uns nichts vormachen!

Wie im letzten Kapitel versprochen, will ich einen noch wichtigeren Grund aufzeigen, weshalb wir uns keine Sorgen machen sollen – einen Grund, der viel gravierender ist als die Sorgenfalten auf unserer Stirn: *Sorgen hält uns davon ab, Gottes Reich zu bauen.*

Außer Betrieb

Doch wie leicht ist es, sich Sorgen zu machen! Als unser Sohn ein teures christliches College besuchen wollte, zog meine Frau ihr »Sorgengewand« über.

»Das können wir uns niemals leisten«, jammerte sie. »Was sollen wir bloß machen?«

»Nur keine Sorge, Liebling«, entgegnete ich. »Es sieht wirklich nicht besonders gut aus, aber laß uns sehen, was wir vielleicht doch tun können. Punkt eins: Er kann eben nicht auf dieses College gehen.«

»Ach nein!« widersprach meine Frau. »Das ist doch das einzige, das er wirklich gern besuchen möchte.«

»Also gut, dann können wir ja unser Steinway-Klavier verkaufen«, schlug ich vor.

»Nein, das geht nicht. Es ist ein Geschenk von unseren Eltern«, erwiderte sie.

Und so ging es weiter. Keiner meiner Vorschläge erschien praktikabel. Es blieb uns offensichtlich nur eins übrig – uns Sorgen zu machen. Aber Sorgen löst niemals ein Problem, sondern führt nur tiefer in eine Sackgasse.

Zu guter Letzt entschied ich, wir würden einen Kredit bei der Bank aufnehmen.

»Aber wie sollen wir das Geld zurückzahlen?« wollte meine Frau wissen.

»Pst, sei still. Mach dir darüber keine Sorgen«, sagte ich.

Wir bekamen den Kredit. Wir bezahlten die erste Rate, dann die zweite … Immer machte Gott es möglich, daß wir zum fälligen Termin bezahlen konnten, und mein Sohn besuchte das College seiner Wahl. Wir brauchten nicht zu hungern, und wir liefen auch nicht in Lumpen herum.

»Siehst du«, sagte ich zu Martha, »du hast dir Sorgen gemacht und ich nicht, und das Endergebnis war das gleiche.« Auf jeden Fall herrschte Frieden in unserem Haus anstatt Sorge.

Mit den Sorgen ist es so: Du gehst in deine Garage, drehst den Zündschlüssel um, schaltest in den Leerlauf und gibst Gas, bis der Motor durchbrennt. Eine Menge Krach, ein gewaltiger Kraftaufwand – aber du kommst nirgendwohin. Am Ende ist es schlimmer als zuvor.

Die Sorgen schalten uns in »Leerlauf«. Wir sind absolut zu nichts nütze, während unser geistig-seelischer Motor immer höher dreht. Das Sorgen ist praktisch eine Art Arbeit, eine innere Anstrengung. Selbst wenn man im Bett liegt, wird man dabei müde. Es ist wissenschaftlich erwiesen, daß Streß eine der Hauptursachen für Krankheiten aller Art ist. Deshalb profitiert man selbst am meisten davon, wenn man es lernt, den Streß durch die Erhaltung seines Seelenfriedens zu bekämpfen.

Das Schlimmste an der besagten »Leerlaufstellung« ist die Tatsache, daß wir von unserer Verpflichtung, Gottes Reich zu bauen, abgelenkt werden. Jesus wußte dies nur zu gut, obwohl es zu seiner Zeit weder Verkehrsstaus noch Streßbewältigungsseminare gab. Er sagte:

> »Deshalb sage ich euch: Seid nicht besorgt für euer Leben, was ihr essen und was ihr trinken sollt, noch für euren Leib, was ihr anziehen sollt. Ist nicht das Leben mehr als die Speise und der Leib mehr als die Kleidung? Seht hin auf die Vögel des Himmels, daß sie nicht säen noch ernten, noch in Scheunen sammeln, und euer himmlischer Vater ernährt sie doch. Seid *ihr* nicht viel vorzüglicher als sie? Wer aber unter euch kann mit Sorgen seiner Lebenslänge *eine* Elle zusetzen? Und warum seid ihr um Kleidung besorgt? Betrachtet die Lilien des Feldes, wie sie wachsen: sie mühen sich nicht, auch spinnen sie nicht. Ich sage euch aber, daß selbst nicht Salomo in all seiner

Herrlichkeit bekleidet war wie eine von diesen. Wenn aber Gott das Gras des Feldes, das heute steht und morgen in den Ofen geworfen wird, so kleidet, wird er das nicht vielmehr euch tun, ihr Kleingläubigen? So seid nun nicht besorgt, indem ihr sagt: Was sollen wir essen? Oder: Was sollen wir trinken? Oder: Was sollen wir anziehen? Denn nach diesem allen trachten die Nationen; denn euer himmlischer Vater weiß, daß ihr dies alles benötigt. Trachtet aber zuerst nach dem Reich Gottes und nach seiner Gerechtigkeit, und dies alles wird euch hinzugefügt werden. So seid nun nicht besorgt um den morgigen Tag, denn der morgige Tag wird für sich selbst sorgen. Jeder Tag hat an seinem Übel genug.« *Matthäus 6, 25-34*

Wenn du solcher Leute, wie ich einer bin, überdrüssig bist, weil sie immer nur sagen: »Keine Sorge, keine Sorge!«, und du doch nicht weißt, *was* du denn anders tun kannst, als dich zu sorgen, dann sieh dir obigen Text an. Jesus hat gesagt, wir sollen zuerst nach dem Reich Gottes trachten, dann wird alles, was uns sonst beschweren möchte, sich in nichts auflösen. Jesus sagte damit: »Ich will euch gründlich von jeder Sorge säubern, damit ihr euch auf mein Reich konzentrieren könnt.«

Wenn du total von deinen persönlichen Belangen erfüllt bist, interessierst du dich dann dafür, Gottes Reich zu bauen? Ist dir die Gemeinde wichtig? Nein – und genau das will der Teufel erreichen. Deshalb ist das Sorgen eine dermaßen schwerwiegende Sünde: Sie nimmt dich von der Frontlinie weg und verlegt dich ins Lazarett, wo du nur noch darauf wartest, vom Doktor behandelt zu werden. Nicht nur, daß du persönlich außer Gefecht gesetzt bist – du versuchst außerdem, auch andere Menschen mit Beschlag zu belegen. »Ach, bitte, Bruder, bete doch für mich … Pastor, ich brauche unbedingt dieses und jenes, was können Sie tun, um mir zu helfen?« Anstatt für andere dazusein, müssen andere für dich dasein.

Ich sage nicht, daß du nicht mit all deinen Nöten und Problemen zu Gott kommen kannst, selbst wenn sie noch so klein sind. Er sorgt für dich! Er hört deine Gebete. Aber je mehr du deine Sorgen beherrschen lernst, um so besser wirst du mit den Höhen und Tiefen in deinem Leben fertig. Manche Dinge wirst du bei

Jesus abladen und vergessen können, ehe sie zur »Sorgensaat« werden. Mit anderen Dingen wirst du dich auseinandersetzen müssen, aber erst, nachdem du den Brennpunkt richtig eingestellt hast – nämlich auf Gott, auf sein Reich und seine Gerechtigkeit. Die Sorge zieht unsere Aufmerksamkeit von der Sache Gottes ab und zwingt uns, uns mit unseren Problemen zu beschäftigen. Denk daran: Auch wenn das Problem noch so groß sein mag, ist es doch klein, verglichen mit der gewaltigen Aufgabe der Ausbreitung des Reiches Gottes.

Das Fest verderben

> »Es geschah aber, als sie ihres Weges zogen, daß er in ein Dorf kam; und eine Frau mit Namen Martha nahm ihn in ihr Haus auf. Und diese hatte eine Schwester, genannt Maria, die sich auch zu den Füßen Jesu niedersetzte und seinem Wort zuhörte. Martha aber war sehr beschäftigt mit vielem Dienen; sie trat aber hinzu und sprach: Herr, kümmert es dich nicht, daß meine Schwester mich allein gelassen hat zu dienen? Sage ihr doch, daß sie mir helfe! Jesus aber antwortete und sprach zu ihr: Martha, Martha! Du bist besorgt und beunruhigt um viele Dinge; eins aber ist not. Maria aber hat das gute Teil erwählt, das nicht von ihr genommen werden wird.« *Lukas 10, 38-42*

Wer hatte Jesus eingeladen? Martha. Also war es ihre Verantwortung, das Essen vorzubereiten. Das Problem war auch nicht die Vorbereitung als solche, sondern Marthas verkehrte Einstellung. Sie schüttete nämlich eine große Menge »Sorgensalz« über alles, was sie tat.

Während Maria still zu Jesu Füßen saß und ihm zuhörte, kann ich mir vorstellen, wie Martha zu sich selbst sagte: »Sieh nur einer diese Maria an! Da lümmelt sie sich herum, als ob sie eine Prinzessin wäre! Sie rührt keinen Finger, um mir zu helfen. Nicht einen einzigen Blick wirft sie in meine Richtung. Wer hat den Ofen geheizt? Ich! Wer hat das Wasser aufgesetzt? Ich! Wer hat das Brot geschnitten? Ich! Und wahrscheinlich soll ich jetzt auch noch alles ins Wohnzimmer schleppen! Also, das brauche ich mir wirklich nicht gefallen zu lassen. Ich werde schon meinen Mund aufmachen und sagen, was ich darüber denke!«

Ärgerlich wandte sich Martha an Jesus: »Herr, kümmert es dich nicht, daß meine Schwester mich allein gelassen hat zu dienen?«

Mit Erstaunen mußte Martha feststellen, daß dies Jesus tatsächlich nicht kümmerte. Sie hatte versucht, ihn in ihr Problem mit hineinzuziehen – und dieses Problem war die Sorge. Denn ob Martha die Maria tatsächlich hätte gebrauchen können? Meine Frau sagt immer, wenn zwei in der Küche sind, ist das einer zuviel!

Sorge verdirbt allen Beteiligten das Fest. Nicht nur, daß Martha die falsche Person rügte, sondern sie wollte Jesus auch dahingehend beeinflussen, daß er ihre Unzufriedenheit löste, indem er Maria zur Mithilfe abkommandierte. Genauso geht es uns: Wenn wir uns über irgend etwas Sorgen machen, meinen wir, die anderen müßten alles stehen und liegen lassen und sich mit unseren Problemen beschäftigen.

Aber Marthas Begehren war nicht gut. Ich kann mir vorstellen, daß nach ihrem Wutausbruch betretenes Schweigen herrschte und die gesamte Mahlzeit überschattete.

Dabei hätte alles auch ganz anders laufen können. Wie, wenn Martha bei ihren Vorbereitungen gedacht hätte: »Wie schön, daß Maria den Segen meiner Einladung an Jesus genießen kann!« Oder, wenn ihr wirklich so viel an dem, was Jesus zu sagen hatte, gelegen war, warum ließ sie denn nicht alle Mann in die Küche kommen und sich dort unterhalten, während sie das Essen zubereitete?

Statt dessen konzentrierte sich Martha voll auf ihre Sorgen. Diese mögen in verschiedene Richtungen gegangen sein. Vielleicht machte sie sich Sorgen darüber, daß sie bei der ganzen Sache am schlechtesten abschneiden würde und zuviel selbst machen müßte. Oder darüber, daß das Mahl nicht so imposant ausfallen könnte, wie sie es vorhatte. Oder darüber, daß Maria ihr in puncto Gemeinschaft oder Wegweisung oder was immer Jesus sonst noch zu bieten hatte, den Rang ablaufen könnte. Wie immer ihre Sorgen beschaffen gewesen sein mögen, sie warfen einen dunklen Schatten über die ganze Zusammenkunft.

Die Saat pflegen

In der Auslegung des Gleichnisses vom Sämann sagte Jesus: »Das aber unter die Dornen fiel, sind die, welche gehört haben und hingehen und durch Sorgen und Reichtum und Vergnügungen des Lebens erstickt werden und nichts zur Reife bringen« (Lukas 8,14).

Diese Botschaft, wie man zum inneren Frieden gelangen kann, ist wie ein ausgestreuter Same. Die Sorgen werden kommen und ihn zu ersticken versuchen, und es wird ihnen auch gelingen, wenn du dich nicht bewußt widersetzt, indem du zuerst nach dem Reich Gottes trachtest. Es liegt einzig und allein an dir. Wenn du weiterhin entschlossen bist, deine Ängste und Sorgen auf Jesus zu werfen, wird der Same wachsen und zu einer kräftigen Pflanze werden, die dann viel eher in der Lage ist, sich gegen die Sorgen, die sie ersticken wollen, zu wehren.

12 | Die »Schundpost des Himmels«

Hast du dich schon einmal bei dem Versuch ertappt, mit Gott handeln zu wollen? Du nimmst dir beispielsweise vor, eine Viertelstunde täglich zu beten, und erwartest dafür – obwohl du das natürlich Gott gegenüber niemals zugeben würdest –, daß er dich segnet. Gelingt es dir, dich auf eine halbe Stunde pro Tag und ein zusätzliches Kapitel bei der Bibellese zu steigern, dann erwartest du natürlich auch eine Extra-Zulage an Segen. Kommen noch hier und da ein paar Fastentage hinzu – wer weiß, wie hoch die »Rendite« dann ist!

Woher kommt eigentlich dieser Gedanke, das Gebet als Zahlungsmittel zu betrachten, mit dem man Gott Dinge abkaufen kann? Ist der Grund vielleicht darin zu suchen, daß wir Beten häufig als Opfer betrachten, als etwas, was uns extrem viel kostet, vergleichbar in etwa mit einer Teilzeitbeschäftigung, die so unangenehm ist, daß man automatisch eine Gegenleistung dafür erwartet? Wenn du das Gebet in dieser Weise siehst, kann ich dir bezüglich deiner Erwartungen im Grunde gar keinen Vorwurf machen. Aber wie wir in den letzten Kapiteln gesehen haben, denkt Gott ganz anders über das Gebet.

Der Tatsache, daß wir oft mit völlig falschen Motiven zu Gott kommen, liegt ein weiteres Problem im Hinblick auf das Gebet zugrunde – die Überzeugung, Gott sei unser Diener.

Wer gibt die Befehle?

Alle Eltern wissen, daß ein großer Unterschied zwischen Kindern und Erwachsenen darin liegt, daß Kinder ständig bitten und Erwachsene ständig geben. Folglich ist ein ganz wichtiger Schritt zum Erwachsenwerden darin zu sehen, daß man von einer Gesinnung des Bittens zu einer des Gebens gelangt.

Überprüfe einmal daraufhin dein Gebetsleben. Wenn du, und sei es unbewußt, darauf wartest, daß Gott dich gemäß der Zeit, die du im Gebet verbringst, segnet oder daß er dein Gebet erhört, weil du es bereits so oft wiederholt hast, dann basiert dein Gebetsleben wahrscheinlich in erster Linie auf dem Gedanken von Leistung und Verdienst. Weshalb solltest du schließlich auch in deinem geschäftigen Tagesablauf Zeit einplanen, um »papierlose« Telegramme zum Himmel zu schicken, wenn sich das nicht irgendwie auszahlt? Gesundheit, Wohlstand, Frieden in der Familie – du weißt selber, was zuoberst auf deiner Gebetsliste steht.

Ich sage nicht, daß du Gott nicht um bestimmte Dinge bitten darfst und sollst. Aber gedulde dich noch ein wenig, und ich werde dir zeigen, daß das Gebetsleben eines reifen Christen viel mehr beinhaltet.

Die Bibel spricht viel von Knechten und Herren. Wenn wir an das Verhältnis zwischen uns und Gott denken – wer ist der Knecht und wer der Herr? Wir sagen zwar, daß wir die Knechte sind, aber verhalten wir uns auch dementsprechend? Wer sagt wem, was er zu tun hat? Überlege einmal, ob sich deine eigenen Gebete oder diejenigen in deinem Hauskreis bzw. deiner Gebetsgruppe nicht manchmal so oder ähnlich anhören:

»Lieber Vater, während ich verreist bin, paß bitte auf mein Haus auf, damit niemand einbricht.«

»Jawohl, meine Liebe«, hören wir ihn im Geist erwidern.

»Herr, bewahre mich bei der langen Autofahrt und laß mich keinen Unfall haben.«

»Selbstverständlich.«

»Vater, meine Mutter liegt im Krankenhaus. Bitte, hilf den Ärzten bei der Operation.«

»Auf jeden Fall.«

»Herr, mein Sohn ist auf der Uni. Hilf ihm, laß ihn Erfolg haben.«

»Kein Problem.«

»Herr, mein Mann braucht unbedingt eine bessere Arbeits-stelle. Du weißt, daß wir mit unserem Geld nicht auskommen.«

»Ich will sehen, was sich machen läßt.«

»Jesus, du weißt, wie ungern ich zu Fuß gehe und wie spät ich bereits zum Gottesdienst komme. Bitte, sorge dafür, daß ich einen Parkplatz dicht am Eingang bekomme.«

»Aber natürlich.«

Es kommt einem fast so vor, als habe Jesus uns beten gelehrt: »*Mein* Wille geschehe, wie auf Erden so auch im Himmel.« Aber dem ist nicht so. Wir sollen beten: »*Dein* Wille geschehe, wie im Himmel so auch auf Erden.«

Allerdings hat die Sache zwei Seiten. Wir dürfen und sollen mit unseren Anliegen zu Gott kommen. Es gibt kein Gesetz, das besagt, ein Herr dürfe seinem Knecht nicht auch einen Gefallen tun. Aber wir neigen von Natur aus dazu, das Gleichgewicht total in unsere Richtung zu verlagern und Gott quasi zum Weih-nachtsmann zu machen, der wie durch ein Wunder jeden Wunsch auf unserer Liste erfüllt. Ganz besonders, wenn wir artig waren!

Wahre Knechte

Was stellst du dir eher unter einem »Knecht« vor: einen ernsten Philosophen oder einen Landarbeiter? Einen, der plant, oder einen, der den Plan ausführt? Wenn du dich in der Stellung eines Knechtes weißt, sollte sich das automatisch auf dein Gebetsle-ben auswirken. Wenn du immerzu betest, betest, betest und nur darauf wartest, wartest, wartest, daß Gott etwas tut, prüfe dich! Es mag sein, daß die Worte gewaltig aus deinem Mund hervor-strömen, so wie die Wasser eines Gebirgsbaches, aber daß trotzdem etwas da ist, was deine geistlichen Ohren verstopft.

»Herr, Bruder Josef hat seine Arbeitsstelle verloren. Ach, Herr, er hat seine Arbeit verloren!«

»Sieh an, vielen Dank für die Information!« Meinst du, daß so Gottes Antwort lautet? Bestimmt nicht! Er wußte bereits längst über die Arbeitsplatzsituation von Bruder Josef Bescheid, ehe dieser seine Kündigung erhielt. Viel lieber hört Gott Gebete dieser Art:

»Herr, du weißt, daß Bruder Josef seine Arbeitsstelle verloren hat. Sag mir, was ich tun soll. Ich bin dein Knecht.«

»Geh ins Geschäft, kauf eine große Tüte Lebensmittel und bring sie ihm in meinem Namen.«

Du tust, wie befohlen. »Bruder Josef, das, was ich habe, gebe ich dir im Namen Jesu!«

Nachdem ich in Los Angeles einmal über dieses Thema gepredigt hatte, kam eine Frau am nächsten Tag nach vorn, um ihr Zeugnis zu geben.

»Als ich heute morgen meine Gebetsliste durchging, dachte ich an das, was ich gestern gehört habe, und sagte zum Herrn: ›Herr, du bist der Herr, und ich bin deine Magd. Als erstes Anliegen möchte ich dir meine Freundin bringen, die nach New York gezogen ist. Ich habe seitdem jeden Tag für sie gebetet. Sag mir bitte, was ich tun soll.‹

›Ruf sie an‹, erwiderte der Herr.

›Hallo, hier spricht deine Freundin aus Kalifornien … Nein, es ist keiner gestorben. Ich rufe nur an, um dir zu sagen, daß ich an dich denke und dich liebhabe … Nein, Neuigkeiten habe ich sonst nicht zu berichten. Ich wollte einfach mal hören, wie es dir geht. Du liegst mir sehr am Herzen.‹«

Diese Frau berichtete weiter, ihre Freundin habe ihr erklärt, daß sie seit zwei Wochen unter Depressionen leide und bereits an Selbstmord gedacht habe. Doch als ihre Freundin anrief, um sich nach ihrem Ergehen zu erkundigen, und dann noch am Telefon mit ihr betete, ging es ihr schlagartig besser. – Du wirst feststellen, wenn du dich Gott als Knecht zur Verfügung stellst, findet er bestimmt etwas, was du für ihn tun kannst!

Im geistlichen Hungerstreik

Früher habe ich oft mit Gott gehandelt und sogar bestimmte Dinge von ihm gefordert, besonders wenn mein Gebet mit Fasten verbunden war. Mir kam es so vor, als hätte ich damit wirklich alle Register gezogen und Gott könnte gar nicht anders, als mich zu erhören. »Herr, hier ist deine Verheißung«, pflegte ich ihm zu sagen. »Das hast du versprochen. Jetzt mußt du es auch halten.«

Es dauerte lange, bis seine Antwort zu mir durchdrang: »Juan Carlos, ich möchte dich daran erinnern, daß ich dich bereits um sehr viele Dinge gebeten habe und du sie noch immer nicht getan hast.«

Nicht selten habe ich 14 Tage ununterbrochen gefastet. Einige Male fand ich mich am Ende im Krankenhaus wieder. Viel zu oft habe ich das Fasten als ein weiteres Instrument betrachtet, um mit Gott zu handeln. Ich wollte quasi etwas von ihm erzwingen. Aber das ist kein Fasten – es ist ein Hungerstreik! Man versucht gewissermaßen, dem anderen den Arm herumzudrehen, um ihn seinen Wünschen gefügig zu machen.

Inzwischen weiß ich, wozu Gott das Fasten gedacht hat. In Verbindung mit ganz normalem Gebet bedeutet es *eine Schwächung unseres Fleisches, damit unser Geist den Willen Gottes besser erkennen kann.* Fasten dient dem Zweck, das Gehör des Knechtes zu schärfen, damit er die Stimme seines Herrn kristallklar vernimmt.

Hast du schon einmal eine schwere Grippe oder sonst etwas durchgemacht, was dich für mehrere Tage ans Bett fesselte? Und konntest du es hinterher nur als besonderen Segen betrachten, weil es dir viel Zeit gegeben hatte, nachzudenken, zu beten und dich auf Dinge aufmerksam machen zu lassen, die dir vorher fehlten? Manchmal muß Gott es zulassen, daß wir krank im Bett liegen, weil das die einzige Möglichkeit ist, uns zum Beten zu bringen, ohne daß wir dabei vor Müdigkeit einschlafen!

So ähnlich ist es mit dem Fasten. Du machst dich quasi selber künstlich krank, indem du so schwach wirst, daß du nicht mehr herumrennen und auch keine größeren Anstrengungen unternehmen kannst. Statt dessen mußt du dich ruhig verhalten und deine Bewegungen auf ein Mindestmaß beschränken, weil dir sonst schwindelig wird. Gewöhnlich bewirkt das Fasten keine neuen großen Offenbarungen, aber es wird dich viel mehr zum Nachdenken bringen und dir helfen, dich selbst und die Situation, in die Gott dich gestellt hat, besser zu verstehen. Dadurch wirst du den Willen Gottes leichter erkennen.

Natürlich gibt es auch hier Ausnahmen. Esther verspürte eine ihr von Gott auferlegte Bürde und erkannte richtigerweise die Bedrohung, daß sein auserwähltes Volk komplett ausgelöscht werden sollte, woraufhin sie ein dreitägiges Fasten ausrief. Esther fastete, um etwas zu bekommen – nämlich göttliche Befreiung –, und sie traf damit genau ins Schwarze. Vielleicht stellst du bei dir eine ähnliche Bürde fest, auch wenn sie nicht von solch großer Tragweite ist wie bei Esther, und der Heilige Geist macht dir klar, daß du dafür fasten sollst. Tu es! Aber laß dich nicht dazu verleiten, das Fasten als »Atombombe geistlicher Kampfführung« zu betrachten, als die letzte, größte und effektivste Waffe, die es anzuwenden gilt, um etwas bei Gott zu erreichen. Fasten ist eher ein Hörgerät als eine Waffe!

Wer ist dein Liebhaber?
Das eigentliche Problem ist die Frage des Motivs. Man denke nur an die Ermahnung, die der Apostel in Jakobus 4,3-5 an die Christen richtet:

> »Ihr bittet und empfangt nichts, weil ihr übel (oder: mit falschen Motiven) bittet, um es in euren Lüsten zu vergeuden. Ihr Ehebrecherinnen, wißt ihr nicht, daß die Freundschaft mit der Welt Feindschaft gegen Gott ist? Wer nun ein Freund der Welt sein will, erweist sich als Feind Gottes. Oder meint ihr, daß die Schrift vergeblich rede: ›Eifersüchtig sehnt er sich nach dem Geist, den er in uns wohnen ließ‹?«

Gott hat seinen Geist in uns hineingegeben, und dennoch ist er eifersüchtig – eifersüchtig auf die Welt. Gott hat in uns Wohnung gemacht, um unsere Leiber von innen her zur Förderung seines Reiches zu benutzen. Unsere Füße sollen die lieblichen Füße derer sein, die auf den Bergen gute Botschaft verkünden. Und unsere Gedanken sollen die Gesinnung Christi widerspiegeln.

Dennoch hat Gott häufig allen Grund, eifersüchtig zu sein. Wir liebäugeln viel zu sehr mit der Welt. Ich spreche hier nicht von den großen, offensichtlichen Sünden wie Ehebruch o. ä. Ich spreche von der Spielerei mit der Welt, von dem Beschäftigtsein mit ihr.

»Herr, ich brauche unbedingt ein neues Auto. Hilf mir, das richtige zu finden.«

»O Gott, du weißt, ich brauche einen Videorecorder. Sogar der Pastor hat einen, also kann es nicht gar so schlecht sein. Und du weißt, ich will ja nur christliche Lehrkassetten ansehen.«

Mit unserem Mund sagen wir zwar »Herr«, aber unser Herz schlägt im Gleichklang mit der Welt. Gott hört den feinen Unterschied, und er ist eifersüchtig. Wir sind von leidenschaftlicher Liebe zu unserem heimlichen Liebhaber erfüllt, und es bleibt einfach nicht genug Zeit und Geld für den Herrn. Trotzdem wollen wir natürlich, daß Gott ganz für uns da ist. Dabei wartet der Herr die ganze Zeit darauf, daß wir zu ihm umkehren. Manchmal ähneln unsere Gebete der Bitte einer Frau, die zu ihrem Mann sagte:»Liebling, gib mir bitte Geld, damit ich übers Wochenende mit meinem heimlichen Liebhaber in einem schönen Hotel zusammensein kann.«

Genau darum geht es Jakobus in dem obenerwähnten Text. Er sagt: Ihr bittet mit den falschen Motiven, speziell dem einen, daß ihr es in euren Lüsten vergeuden wollt. Deshalb seid ihr Ehebrecherinnen – ihr habt euch von eurer ersten wahren Liebe abgewandt.

Aus diesem Grund nenne ich viele Gebete gerne die »Schundpost des Himmels«. Nicht, daß es dabei um etwas Illegales ginge. Gott könnte ohne weiteres darauf antworten, wenn er wollte, aber er weiß viel besser als wir, daß es seiner Sache meistens nicht dienlich ist, die Flut von »Schundbriefen«, die täglich bei ihm eintreffen, zu beantworten.

Wie ganz anders ist es, wenn man beispielsweise betet: »Herr, warum gibst du nicht jemandem in unserer Gemeinde die Gabe des Gebens, damit Mittel zum Bau deines Reiches freigesetzt und Nöte behoben werden können? Bitte, schenke uns auch Gaben der Heilungen, damit Menschen deine Macht sehen und sich zu dir bekehren.«

Die größte Befriedigung eines Knechtes liegt darin, seinen Herrn zufriedenzustellen. Wir können den ganzen Tag selbstsüchtige Bitten für Dinge der Welt vorbringen, und Gott mag sogar einige dieser Bitten erhören. Aber die Motivation dahinter stimmt nicht, und wir können nicht erwarten, daß diese Art Gebetsübung uns geistlich reifer macht.

Jesus hat gesagt, wir sollen im Geringsten treu sein. Das schließt Gebet ein. Du solltest zu Gott kommen als sein Diener, solltest darauf hören, was *er* will, und im übrigen treu sein in den irdischen, alltäglichen Dingen, indem du beispielsweise der arbeitslosen Familie eine Tüte mit Lebensmitteln bringst, die

Kinder von Schwester Maria, die krank zu Bett liegt, badest oder deinem Nachbarn, der von einer Unglücksserie getroffen ist, 50 Mark schenkst.

Anstatt wie üblich deine Gebetsliste mit allem, was du wünschst und brauchst, herunterzurattern, schreib doch einmal auf, was Gott deiner Meinung nach durch dich tun möchte. Stell Jesus deine Hände, deine Beine, deinen Verstand, dein Mitgefühl, deine Brieftasche, deine Zeit zur Verfügung. Du wirst staunen, wie viele Gebete Gott erhört, wenn du mit den richtigen Motiven zu ihm kommst, und wie sehr dich dies für die Durchführung seiner Ziele freisetzt.

13 | *Mehr als Bitten*

Wer mehrere Kinder hat, weiß, daß es oft nicht ohne Streit abgeht. Ich erinnere mich gut an die besonderen Anlässe, bei denen es bei uns zu Hause in Argentinien zum Mittagessen Coca-Cola gab. Die Augen der Kleinen waren gespannt auf die Flasche gerichtet und beobachteten genau, wieviel in jedes Glas gegossen wurde.

»Papa, sie hat mehr als ich!« beschwerte sich einer.

»Ja, aber ich bin auch älter«, kam prompt die Antwort.

Dann meldete sich Nummer drei zu Wort: »Aber letztes Mal hast du mehr bekommen als ich!«

Meistens nahm ich solche Diskussionen nicht allzu ernst. Anders wäre es natürlich gewesen, wenn meine Frau und ich uns über einen Zentimeter mehr oder weniger Coca-Cola im Glas in die Haare geraten wären.

Worin liegt denn der Unterschied? In der menschlichen Reife! Wie bereits erwähnt, gelangen wir beim Prozeß des Erwachsenwerdens nach und nach vom Bitten zum Geben. Aufs Geistliche übertragen, müssen wir natürlich das geistliche Alter eines Menschen in Betracht ziehen. Deshalb ist es auch nicht grundsätzlich verkehrt, wenn Gotteskinder Gott um Dinge für sich selber bitten. Manche Christen leben selbst Jahre nach ihrer Bekehrung immer noch in einer Kleinkind-Vater-Beziehung, andere weniger. Der normale Weg eines wiedergeborenen Menschen sollte es jedoch sein, zu immer größerer geistlicher Reife zu gelangen.

Zu diesem Reifeprozeß gehört auch, daß es uns immer besser gelingt, einige Grundzüge des Christenlebens, die wir betrachtet haben – Vergebung, Frieden, permanente Gemeinschaft mit Gott, Knechtsgesinnung und Selbstbeherrschung –, miteinander zu verbinden und dadurch zu einem besseren, der Logik entsprechenden Gebetsleben zu gelangen. Das wird sich als weitaus effektiver erweisen als die oft sinnlos heruntergeratterten Gebetslisten oder als häufige Hungerstreiks. Wir werden sehen, daß nicht nur unser Gebet als solches, sondern auch die Taten, die sich aus diesem Gebet ergeben, uns eine völlig neue Welt erschließen.

Gesunder Menschenverstand

Einmal kam eine Frau zu mir, um sich Rat in einer völlig verzwickten Situation, bei der Gott offensichtlich ihre Gebete nicht erhört hatte, zu holen.

»Bruder Ortiz, mein Mann ist mit einer anderen Frau aus der Gemeinde durchgebrannt. Dabei habe ich zwei Kinder«, sagte sie. Die Schwiegermutter war ebenfalls in die Sache verwickelt, und es schien praktisch keine andere Lösung zu geben, als eine Pistole zu nehmen und die beiden Ehebrecher zu erschießen.

Es hatte sich eine Gebetsgruppe aus der Gemeinde von etwa 12 Personen um diese Frau gebildet, die mich jetzt gemeinsam aufsuchten. Sie hatten bereits mehrere Wochen für diese Angelegenheit gebetet und wollten wissen, wie lange sie noch weiterbeten sollten.

Gott hat uns keine zeitlichen Vorschriften in bezug auf das Gebet gemacht, aber er hat uns eine wunderbare Gabe mitgegeben: unseren Verstand. Wir sollten ruhig unseren gesunden Menschenverstand beim Beten mit einbeziehen, sonst kann es leicht passieren, daß wir in eine geistliche Sackgasse geraten.

Ich riet den Frauen, die zu mir gekommen waren: »Macht eine Liste von allen Personen, die in diese Sache verwickelt sind. Das bist du, dein Mann, deine Kinder, deine Schwiegermutter, die andere Frau ... Dann frag den Herrn: ›Was soll ich bezüglich meines Mannes tun? Wird er zu mir zurückkommen oder nicht? Soll ich weiter warten?‹

Du darfst wissen, Gott ist dein Freund. Warum sollte er derart wichtige Dinge vor dir verbergen?

Wenn Gott dir klarmacht, daß dein Mann nicht zu dir zurückkehren wird, solltest du ihn von deiner Liste streichen und versuchen, ihn zu vergessen.

Als nächstes kannst du Gott wegen deiner Kinder fragen. ›Was soll ich ihnen sagen, Herr?‹

Nun zu der anderen Frau. ›Kann ich hingehen und ihr ordentlich die Leviten lesen, Herr?‹ Ganz bestimmt kannst du das. Anschließend solltest du auch sie vergessen. An diesem Punkt sollte der Friede Gottes an die Stelle deiner Sorgen treten.«

Wenn diese Frauen lediglich auf die von ihnen gewünschte Antwort bezüglich des Problems ihrer Freundin gewartet hätten, wäre das so, als ob sie all das, was die Frau selber erledigen mußte, aber immer wieder vor sich hergeschoben hatte, von Gott erwartet hätten. In der Tat, wir können dermaßen auf unsere eigenen Erwartungen fixiert sein, daß wir das, was Gott für uns vorbereitet hat, einfach verpassen.

Stellen wir uns einen Mann vor, der auf das Dach seines Hauses geklettert ist, um dem Hochwasser zu entgehen. Ein anderer Mann kommt in seinem Boot vorbei, sieht ihn auf dem Dach sitzen und sagt: »Kommen Sie, ich bringe Sie in Sicherheit!«

Der Angesprochene erwidert: »Nein, danke, ich warte darauf, daß der Herr mich rettet.« Mittlerweile ist das Wasser wieder ein Stück höher gestiegen.

Dann nähert sich ein Hubschrauber, aus dem ein Rettungsseil heruntergelassen wird. Der Mann auf dem Dach sieht es und schreit: »Nein, danke, ich warte auf die Hilfe Gottes!«

Eine Stunde später treibt er zwischen den Balken daher und beklagt sich bitter bei Gott: »Ich habe dir vertraut, Herr. Warum hast du mich nicht gerettet?«

»Das verstehe ich nicht ganz«, erwidert Gott. »Ich habe dir ein Boot und einen Hubschrauber geschickt, aber du wolltest meine Hilfe nicht annehmen.«

Gott hat uns unseren Verstand u. a. auch dazu gegeben, um Gemeinschaft mit uns zu haben. Das Gebet soll etwas Fließendes, Bewegliches sein. Wenn wir den auf unseren Schultern installierten »Computer« nicht benutzen, werden wir immer Probleme mit unseren Gebeten und deren scheinbarer Nutzlosigkeit haben.

Verstand zum Handeln
Wir brauchen unseren gesunden Menschenverstand, um beurteilen zu können, wann wir selber etwas tun können und sollen und wann nicht.

Angenommen, du betest für die Errettung einer dir bekannten Person. Höchstwahrscheinlich wird Gott nicht auf geheimnisvolle Weise über Nacht das Herz dieser Person verändern. Gewöhnlich schickt er zunächst einen Menschen hin und läßt ihn die Liebe Christi ausstrahlen, um das Herz des Betreffenden aufzuschließen und ihn für das göttliche Heil empfänglich zu machen. Wenn der Herr dir bereits eine Last für diese Person aufs Herz gelegt hat und du intensiv für sie betest, kann es gut sein, daß du als ein solcher »Wegbereiter« ausersehen bist. Und das bedeutet nicht, daß du lediglich für ein paar Minuten über das Wetter reden und ihr dann sofort die »vier geistlichen Gesetze« an den Kopf knallen sollst. Du mußt sie vielmehr kennenlernen, indem du sie vielleicht einmal zum Essen einlädst, mit ihr zusammen Sport treibst oder irgend etwas unternimmst, was euch beiden Spaß macht.

Denk daran, *du* bist der Knecht, nicht Gott. Wenn der Meister dich bei der Arbeit sehen möchte, versteck dich bitte nicht hinter dem Gebet. Und auch wenn es zunächst so scheint, als sei deine Arbeit vergeblich, brauchst du nicht zu verzagen, solange du dich im Willen Gottes weißt.

Ein andermal mag dir ebenfalls die Errettung eines Menschen auf dem Herzen brennen, aber wenn du richtig überlegst, stellst du fest, daß du im Grunde sehr wenig dazu beitragen kannst. Ein Beispiel: Einer meiner Söhne war als Teenager nur ein oberflächlicher Christ. Martha, meine Frau, und ich waren darüber natürlich sehr besorgt. Wir beteten im Zimmer des Jungen und geboten allen bösen Mächten zu weichen, was bestimmt eine gute Sache war. Aber sonst fühlten wir, daß Gott in erster Linie wollte, wir sollten unserem Sohn Liebe entgegenbringen.

Eines Tages nahm ich ihn beiseite und sagte: »Hör zu, Junge, ich werde dir in Zukunft keine Vorhaltungen mehr machen, weil ich weiß, daß das unserer Beziehung nur schaden und zu ständigen Auseinandersetzungen führen würde. Außerdem weißt du genau, was richtig und was falsch ist. Wir werden einfach freundlich zu dir sein und dich mit Liebe umgeben. Nicht weil wir mit dem, was du tust, einverstanden sind, sondern weil wir dich liebhaben.«

Auch meine Frau konnte in der Sache ruhen, nachdem wir sie dem Herrn abgegeben hatten. Sie vergoß keine Tränen mehr über ihren Sohn. Der Friede Gottes erfüllte unsere Herzen, und die geistliche Entwicklung unseres Sohnes fing an, sich zu verbessern, bis er schließlich sein Leben bewußt Christus übergab.

Ist das wirklich Beten?

Wir beschäftigen uns bekanntlich mit der Frage, wie wir zu größerer Reife im Gebet gelangen können. Deshalb wollen wir uns einige Gebete anschauen, die uns im Neuen Testament als Beispiel gegeben sind. Erstaunlicherweise sehen manche davon überhaupt nicht wie Gebete aus. Vielleicht sind sie es in gewissem Sinne auch gar nicht. Aber die Ergebnisse, die sie zeitigten, würden die meisten von uns vor Freude in die Luft springen lassen, auch wenn nur 5 % unserer Bitten in dieser Weise erhört würden!

»Petrus aber sprach: Silber und Gold besitze ich nicht; was ich aber habe, das gebe ich dir: Im Namen Jesu Christi, des Nazareners: Steh auf und geh umher! Und er ergriff ihn bei der rechten Hand und richtete ihn auf. Sofort aber wurden seine Füße und seine Knöchel stark ...« (Apostelgeschichte 3,6-7).

Hat Petrus gebetet? Hat er gesagt: »Himmlischer Vater, wir kommen zu dir und bitten dich um Heilung für diesen armen, kranken Mann. Strecke doch deine Hand aus!« Wenn das, was wir als Gebet praktizieren, wirklich Beten ist, dann hat Petrus nicht gebetet, sondern sich »produziert«. Er erwähnte zwar den Namen Jesus, bat aber weder Jesus noch den Vater, irgend etwas zu tun. Könnte es daran liegen, daß Petrus ein »Gebet des Glaubens« sprach, während wir gewöhnlich ein »Gebet des Zweifels« sprechen?

Gewiß hat sich Petrus an das erinnert, was wir häufig zu vergessen scheinen: daß Gott in uns wohnt. Deshalb konnte er auch so zuversichtlich verkünden: »Was ich habe, das gebe ich dir.« Kein Zweifel, daß er etwas besaß! Und nicht nur das – er war auch bereit, es einzusetzen!

Die gleiche Autorität sehen wir später noch öfter bei Petrus. In Apostelgeschichte 5 heißt es, daß einzelne in der Gemeinde zu Jerusalem ihre Besitztümer verkauften und die gesamte Summe zu den Füßen der Apostel niederlegten, so als gäben sie sie dem Herrn Jesus. Ananias verkaufte nun ebenfalls ein Stück Land, aber er scheint es unter »Massenzwang« getan zu haben – einfach weil er meinte, sich anpassen zu müssen. Auf jeden Fall brachte er stolz den Verkaufserlös zu Petrus und tat so, als sei es der gesamte Betrag.

Ich kann mir vorstellen, daß Petrus zuerst nur das viele Geld sah und bei sich dachte: »Halleluja! Gott sei Dank für diese beachtliche Summe!«

Doch dann sprach der Herr zu Petrus: »Du brauchst dich gar nicht so zu freuen. Dieser Mann ist ein Betrüger.«

»Was meinst du damit, Herr?«

»Er wird behaupten, er habe sein Feld für 50 000 Schekel verkauft, aber in Wirklichkeit hat er 100 000 dafür bekommen. Sobald er diese Lüge ausspricht, will ich, daß er tot umfällt.«

»O Herr, bestimmt willst du der ganzen Gemeinde damit eine Lehre erteilen.«

Genauso geschah es. Ananias log und fiel auf der Stelle tot um. Bestimmt war an diesem Abend keine biblische Belehrung mehr notwendig!

Einige Zeit später kam Ananias' Frau, Saphira, herein, und Petrus sagte ihr ihren Schwindel auf den Kopf zu. Er erklärte: »Siehe, die Füße derer, die deinen Mann begraben haben, sind an der Tür, und sie werden dich hinaustragen« (Apostelgeschichte 5,9). Und tatsächlich, Saphira fiel tot zu Boden, so wie Petrus gesagt hatte.

Petrus betete nicht: »Herr, töte sie!« Er benutzte auch keine frommen Redewendungen: »Im heiligen Namen Jesu: Herr, scheide heute Leib und Geist dieser Frau voneinander!«

Eigentlich sprach Petrus ein klares Todesurteil aus. Er fügte nicht einmal hinzu: »In Jesu Namen.« War das ein Gebet? Nenne es, wie du willst – ich sehe hier einen Mann, der offen war für das Reden Gottes und mutig das aussprach und tat, was er gehört hatte. Nichts könnte das rapide Wachstum des Reiches Gottes in unseren Tagen aufhalten, wenn alle Christen so auf Gott hören und ihm gehorchen würden, wie Petrus es in dieser Situation tat.

Ein ähnlich mutiges Vorgehen des Apostels finden wir in Apostelgeschichte 9. Hier ist die Rede von einem Mann mit Namen Äneas, der seit acht Jahren gelähmt war und im Bett lag. »Und Petrus sprach zu ihm: Äneas! Jesus Christus heilt dich. Steh auf und mach dir selbst dein Bett! Und sogleich stand er auf« (Apostelgeschichte 9,34). Was oft nicht in der Bibel steht, ist das innere Zwiegespräch, das, wie ich glaube, normalerweise solchen Wundern vorausging. Ich zweifle nicht daran, daß der Heilige Geist Petrus gesagt hat, er solle Äneas heilen.

Weil Petrus und seine Gefährten auf dieses Reden Gottes eingingen, ließ der Erfolg nicht lange auf sich warten. Sie konnten Gebete des Glaubens aussprechen. »Der Glaube aber ist eine Verwirklichung dessen, was man hofft, ein Überführtsein von Dingen, die man nicht sieht« (Hebräer 11,1). Das Gebet des Glaubens ist also eine ziemlich sichere Sache. Diese innere Gewißheit, die feste Überzeugung kommt allein vom Heiligen Geist.

Totenauferweckung

Am Schluß von Apostelgeschichte 9 sehen wir Petrus noch stärker als vorher im Hinblick auf Wunder gefordert – er soll jetzt sogar eine Tote auferwecken! Tabea, auch Dorkas genannt, eine ausgesprochen gottesfürchtige Frau, war gestorben. Die Bibel gibt uns keine genauen Einzelheiten über die eigentliche Heilung. Vielleicht haben die Hinterbliebenen Petrus ganz einfach gebeten, sie aufzuwecken, und er hat es getan. Aber ich könnte mir vorstellen, daß es Petrus vielleicht folgendermaßen ergangen sein mag:

»Petrus«, sagt der Herr, »weck sie auf!«

»Aber, Herr, sie ist tot! Richtig tot!«

»Ich möchte, daß du sie auferweckst, damit meine Macht offenbar wird.«

»Ich habe sie angefaßt – sie ist schon ganz kalt«, wendet Petrus ein. »Ich meine, sie ist nicht bloß bewußtlos oder im

Koma, sondern wirklich tot. Was du hier von mir verlangst, ist etwas ganz anderes, als einen Kranken zu heilen.«

»Ja, ich weiß«, erwidert der Herr. »Und ich werde bestimmt das Meinige tun. Tu du das Deinige.«

»Also gut, Herr.« Daraufhin – und jetzt phantasiere ich nicht – »trieb Petrus alle hinaus« (Apostelgeschichte 9,40). Ich kann es ihm nicht verdenken, daß er keine Zuschauer gebrauchen konnte. Übrig blieben also nur Petrus, der Herr und ein starrer, kalter Leichnam.

»Was jetzt, Herr? Du siehst, ich habe alle diese Leute hinausgeschickt, und sie erwarten ganz bestimmt eine Sensation, wenn ich die Tür wieder öffne. Ich möchte nicht, daß man sich über mich lustig macht.«

»Ich habe dir doch gesagt, du sollst sie aufwecken, Petrus, und ich meine es ernst.«

Schließlich faßt er sich ein Herz und sagt: »Tabea, steh auf!« (9,40). Und das Unfaßbare geschieht: Die Tote schlägt die Augen auf, und als sie Petrus sieht, setzt sie sich auf.

Worauf die Bibel nicht besonders hinweist, ist die Tatsache, daß Petrus, Paulus und die anderen Apostel nicht jeden Kranken, der ihnen irgendwo über den Weg lief, geheilt haben. Nicht einmal Jesus hat das getan, das war auch gar nicht seine Aufgabe. Einmal, wir erinnern uns, heißt es, daß er nicht viele Wunder tun konnte wegen des Unglaubens der Leute. Er war in jedem Augenblick vollkommen von seinem Vater abhängig, und dessen Absicht war nicht, die ganze Erde mit Wundern zuzudecken.

Versuch nicht zu geben, was du nicht besitzt

Eine Totenauferweckung ist gewiß etwas Spektakuläres, von dem die Bibel nicht allzuoft berichtet. Trotzdem lesen wir einige Male davon, und Jesus hat bekanntlich verheißen, daß wir größere Dinge tun würden als er. Warum erleben wir dann dieses Phänomen nicht häufiger mit?

Einmal nahm ich an der Beerdigung eines Jungen teil, der bei einem Verkehrsunfall ums Leben gekommen war. Das war das eigentlich Traurige an der ganzen Sache. Seine Eltern ließen ihren Gefühlen freien Lauf. Ich war noch nicht lange im Pastorendienst und wußte nicht recht, was ich tun konnte oder sollte. Als gerade niemand in meine Richtung schaute, ging ich zu dem

Leichnam und sagte: »Im Namen Jesu, steh auf!« Nichts geschah. Ich fragte Gott: »Herr, warum ist das so? Warum darf er nicht leben? Es kommt mir so ungerecht vor. Was soll ich bloß den Eltern sagen?«

Danach ließ ich die Angelegenheit fallen. Etwa eine halbe Stunde später, immer noch während der Beerdigungsfeierlichkeiten, meinte ich, die Stimme des Herrn zu vernehmen: »Juan Carlos, weißt du, warum du den Jungen nicht zum Leben erweckt hast?«

»Nein, Herr, warum?«

»Weil ich dir diese Gabe nicht gegeben habe. Aber ich weiß, daß du 100 Dollar in deiner Brieftasche hast, die der Familie enorm helfen könnten, die Beerdigungskosten zu bezahlen. Gib das, was du hast, und versuch nicht zu geben, was du nicht besitzt!«

Also ging ich zu dem Vater des Jungen und sagte: »Bruder, das, was ich habe, gebe ich dir. Im Namen Jesu Christi, hier hast du 100 Dollar.« Es war tatsächlich eine große Hilfe für ihn.

Wir erinnern uns, was Petrus zu dem Gelähmten sagte: »Was ich habe, das gebe ich dir.« Alle Christen haben Jesus, aber darüber hinaus haben wir nicht alle die gleichen materiellen oder geistlichen Gaben erhalten. Gott gibt jedem von uns etwas anderes. Das trifft nicht nur auf Totenauferweckung zu, sondern auch auf jede andere Angelegenheit.

Ich möchte dir wirklich Mut machen: Bitte Gott um das, was nötig ist, aber beschränke dich im Gebet nicht nur aufs Bitten, besonders wenn es um persönliche Belange geht. Wir haben einen Gott, der sich uns gerne mitteilt und beständig Gemeinschaft mit uns haben möchte. Wir sollen ihn loben, preisen und anbeten – und das alles entspringt aus dem Geben und Nehmen im Gebet. Unser Gebetsleben wird nur in dem Maß zur Reife gelangen, wie wir unsere Beziehung zu Gott, der ja in uns wohnt, bewußt pflegen. Wir wollen noch mehr darüber lernen, was es bedeutet, dieses neue Leben in uns zu haben.

14 | *Leben oder Gesetze?*

Angenommen, ich bete heute, und der Heilige Geist sagt mir, ich soll eine Apfelsine essen. Halleluja, der Geist hat mich geleitet! Also verzehre ich genüßlich meine Apfelsine. In mein Gebetstagebuch schreibe ich: »Gott will, daß ich Apfelsinen esse. Ich muß immer Apfelsinen vorrätig haben, damit ich meine Pflicht Gott gegenüber erfüllen kann.« In meinem Geist verspüre ich die Genugtuung darüber, Gottes Reden vernommen zu haben und ihm gehorsam gewesen zu sein. Alles ist in bester Ordnung!

Am nächsten Tag ist mein Geist längst nicht mehr so darauf bedacht, mich mit Gottes Geist abzustimmen. Warum sollte ich mir auch Mühe geben? Ich habe ja bereits die Satzung für meine neue Denomination, die »Apfelsinen-Kirche«, parat!

Aber der Herr hat Ausdauer: »Juan Carlos, iß einen Apfel!«

Einen Apfel? Das muß die Stimme des Teufels sein! Ich weiß genau, daß Gottes klare Offenbarung, durch meine eigene Erfahrung erprobt, besagt, daß Apfelsinen heilige Nahrungsmittel sind. Und so beginnt mein Christenleben, obgleich in bester Absicht, von den Plänen und Zielen Gottes abzuweichen.

Kommt dir diese Geschichte, auch wenn sie seltsam klingt, nicht irgendwie bekannt vor? Ich denke schon. Diese Neigung, alles Neue, Spontane, Frische sofort zu institutionalisieren, ist

Teil der menschlichen Natur. Das betrifft nicht nur Kirchen und Gemeinden, sondern die Gesellschaft überhaupt. Man sieht es auf Schritt und Tritt in Klubs, Bewegungen und Vereinigungen.

Institutionen und feste Gewohnheiten als solche sind ja auch gar nichts Schlechtes. Worauf wir jedoch unbedingt achten müssen, ist die Tatsache, daß es Gott nicht um unser Interesse an Dingen menschlicher Art geht, sondern an Dingen geistlicher Art. Wir haben gesehen, daß Gott in uns wohnt und sein Geist sich mit unserem Geist verbindet, und das sollte unser Beten und Handeln beeinflussen. Dieses neue Leben in uns ist immer da – nicht nur wenn wir beten, mit Gott Gemeinschaft haben oder ihn anbeten, sondern immer. In den folgenden Kapiteln möchte ich speziell über das Wachstum dieses göttlichen Lebens sprechen – oder vielmehr über die Dinge, die es am Wachstum hindern. Der göttliche Same in uns sollte beständig weiter wachsen und reifen, und er sollte uns und durch uns die Gemeinde verändern.

Bereit oder nicht bereit?

Ich habe bereits einiges über das Problem geistlicher Unreife gesagt. Wie sehr leidet doch die Gemeinde Jesu darunter, daß die Kinder in Christus nicht angeleitet werden, zu wachsen und zum vollen Mannesalter in Christus heranzureifen. Ich möchte nochmals auf dieses Thema zu sprechen kommen, und zwar im Licht des Gedankens, daß Gott uns näher ist, als wir meinen. In der Tat, er lebt ja *in* uns. Aber ist das, was in uns pulsiert, wirklich das *Leben,* oder treibt uns etwas ganz anderes?

Wir wollen dazu 1. Korinther 3,1-3 betrachten:

> »Und ich, Brüder, konnte nicht zu euch reden als zu Geistlichen, sondern als zu Fleischlichen, als zu Unmündigen in Christus. Ich habe euch Milch zu trinken gegeben, nicht feste Speise; denn ihr vermochtet es noch nicht. Ihr vermögt es aber auch jetzt noch nicht, denn ihr seid noch fleischlich. Denn da Eifersucht und Streit unter euch ist: Seid ihr nicht fleischlich und wandelt nach Menschenweise?«

Wie schade! Paulus konnte zu den Gemeindegliedern nicht als zu geistlich eingestellten Menschen reden, weil sie im Grunde auf der Ebene des Fleisches lebten. Sie waren geistlich einfach nicht erwachsen geworden. Alle tieferen Wahrheiten blieben ihnen verborgen, weil sie schlichtweg nicht damit umgehen konnten.

Ob das gleiche auch von unseren Gemeinden heute gesagt werden könnte? Daß der Pastor mehrere akademische Titel besitzt und besonders redegewandt ist, bedeutet noch längst nicht, daß wir als Zuhörer »feste Speise« statt Milch bekommen. Daß wir alle Hochschulabsolventen sind und seiner Predigt mühelos folgen können, bedeutet nicht, daß wir ein geistliches »Steak« verzehren. Und daß wir bereits seit zwanzig Jahren zur Gemeinde gehören, ist absolut keine Garantie für geistliches Erwachsensein.

Gott in seiner Liebe macht es so wie Paulus. Er offenbart uns nicht mehr, als wir vertragen können. Ein kleines Tischchen kann vielleicht ein Glas Wasser oder eine Blumenvase tragen, aber wenn man einen Mercedes daraufstellt, bricht es garantiert zusammen.

Denken wir nur an die mehr nach außen sichtbaren Geistesgaben. Natürlich kann Gott sie austeilen, an wen er will, aber er ist weise genug, genau zu selektieren. Ein Gewehr mag beispielsweise bei der Jagd durchaus nützlich sein, aber kein weiser Vater und keine weise Mutter würden ihre Kinder mit einem echten Gewehr spielen lassen. Stellen wir uns vor, viele unserer Gemeindeglieder hätten die Gabe, die Paulus bei dem Zauberer Elymas anwandte, und könnten Menschen blind machen. Bestimmt würde eine Denomination die andere im Namen Jesu mit Blindheit schlagen. Bald würde die gesamte Christenheit im Dunkeln tappen, während die Ungläubigen sich ins Fäustchen lachen würden.

Hier liegt mit ein Grund, weshalb Gott oft zögert, mehr über sich zu offenbaren. Immer wenn er das tut, besteht nämlich die Gefahr – besser gesagt die Wahrscheinlichkeit – der Gemeindespaltung. Wir brauchen nur die Kirchengeschichte zu studieren, um festzustellen, daß jedesmal, wenn jemand neues Licht über eine bestimmte biblische Wahrheit erhielt, die Schwierigkeiten nicht lange auf sich warten ließen. Die eigentliche Ursache der Spaltung war immer geistliche Unreife bei einem Großteil der Christenheit.

Keine Veränderung zulassen

Was bedeutet eigentlich unreif sein? Es bedeutet, daß jemand oder etwas sich nicht mit der Zeit verändert hat. Unreife ist ein Zeichen inneren Widerstrebens gegen jede Art von Veränderung. Wenn die Bibel von der Herzenshärtigkeit der Menschen spricht, dann spricht sie davon, daß ein Mensch festgefahren ist und sich innerlich nicht verändern lassen will.

Nachdem ich in den Vereinigten Staaten gewesen war und die Opferteller gesehen hatte, die im Gottesdienst verwendet wurden, machte ich meiner Gemeinde in Argentinien den Vorschlag, diese auch bei uns einzuführen. Wir hatten bis dahin längliche Beutel benutzt, die notdürftig mit Draht an alten Besenstielen befestigt waren. Unsere Diakone sahen aus, als ob sie Schmetterlinge fangen wollten, wenn sie mit diesen Beuteln durch die Reihen gingen. Da aber die Gemeinde inzwischen ein bißchen anspruchsvoller geworden war, dachte ich, Veränderung in diesem Punkt wäre gewiß angebracht.

Weit gefehlt! »Pastor, weißt du denn nicht, daß der Gründer unserer Gemeinde diese Beutel selbst gemacht hat?« sagten die Diakone. Wir diskutierten und diskutierten. Aber geändert wurde nichts.

Es schien, als gebe es ein »Gesetz über das Gerät zum Einsammeln des Opfers« – irgendeinen geheimen Vers im 5. Buch Mose, der damit drohte, Feuer vom Himmel auf jeden fallen zu lassen, der es wagen würde, irgend etwas anderes anstelle der alten Opfergefäße zu verwenden! Hier liegt der Kern des Problems: Ist die Gemeinde Jesu nur eine *Institution,* die von Gesetzen, Geboten und Verordnungen beherrscht wird? Oder ist sie auch ein lebendiger *Organismus?* Wir wollen einmal sehen, worin die Unterschiede liegen.

Wenn eine Institution gegründet wird, setzt man gewöhnlich irgendeine Satzung oder Verfassung auf. Darin steht, was die betreffende Gruppe bzw. Vereinigung glaubt und tut, wie sie gelenkt wird usw. Nichts bleibt dem Zufall überlassen. Wenn doch einmal etwas fehlen sollte, entwirft man schleunigst einen Zusatzartikel. Ich sage nicht, daß das alles verkehrt ist. Bei Regierungen und vielen anderen Institutionen funktioniert es prima. Bis zu einem gewissen Grad kann man sogar in der

Gemeinde damit arbeiten, aber es bringt zwangsläufig auch Probleme mit sich.

In unseren verschiedenen Denominationen werden wir aller Wahrscheinlichkeit nach mit gewissen Lehren gar nicht erst konfrontiert, weil diese nicht mit der Art der Gruppe zusammenpassen. Alles ist bis ins kleinste durchdacht und ausgetüftelt. Alles, was göttliche Wahrheiten betrifft, liegt fest. Auch wenn du, ein treues Glied deiner Gemeinde, denkst, Gott hätte dir Erkenntnis über ein bestimmtes Thema geschenkt und diese Erkenntnis könnte deinen Geschwistern ebenfalls zum Segen sein, wird es dir vermutlich nicht gestattet sein, darüber zu reden. Nach außen hin geben wir zwar vor, flexibel Gott gegenüber zu sein, aber in Wirklichkeit hat unter der Oberfläche bereits eine geistliche »Arterienverkalkung« eingesetzt.

Zwei ganz ähnliche Dinge sind in solchen Fällen zu beobachten. Bei beiden geht es um die Ohren, und zwar um die Herzensohren. Das eine ist, daß wir, die wir zu einer Institution gehören, in der Gefahr stehen, *schwerhörig* zu werden; damit werden wir uns im folgenden Kapitel näher beschäftigen. Das andere ist, daß wir *zu träge sind zu hören.* Wenn wir meinen, wir hätten bereits alle biblischen Wahrheiten erkannt, warum sollen wir dann auch überhaupt noch zuhören? Eine gute Predigt besteht für uns lediglich darin, daß eine altbekannte Wahrheit auf möglichst unterhaltsame, möglichst wenig herausfordernde Art und Weise präsentiert wird.

Ich sage nicht, du sollst deine Denomination verlassen; ich gehöre selber einer an. Aber trotzdem müssen wir aufpassen, daß wir nicht in bestimmte Fallen hineintappen. In unseren verschiedenen Denominationen neigen wir dazu, die anderen schräg anzusehen und über sie den Kopf zu schütteln. Die Pfingstler schauen die Presbyterianer an und denken: »Die sind ja gar nicht geistgetauft!« Umgekehrt denken die Presbyterianer über die Pfingstler: »Die Armen! Was haben die doch für eine flache Theologie!« Und so könnte ich fortfahren. Eine solche Haltung stellt ein enormes Wachstumshindernis dar. Menschen mit einer derartigen Gesinnung werden sehr leicht unbelehrbar.

Laßt uns einmal sehen, was in 1. Korinther 8,1-2 steht: »Die Erkenntnis bläht auf (oder: macht arrogant), die Liebe aber erbaut. Wenn jemand meint, er habe etwas erkannt, so hat er noch nicht erkannt, wie man erkennen soll.« Diese Demut ist für das Wachstum entscheidend wichtig. Ohne sie neigen wir außerdem dazu, unsere Brüder und Schwestern in Christus zu verletzen. Denken wir nur an den Begriff »volles Evangelium«. Wenn wir diesen in unserem Gemeindenamen oder dem unseres Werkes führen, wollen wir damit sagen, daß wir die ganze Wahrheit haben, während alle anderen sie nur zum Teil besitzen? Ich hoffe nicht! Auf jeden Fall hört es sich so an.

Einmal war ich zu einer Methodistenkonferenz in Kalifornien eingeladen. Die Verantwortlichen legten großen Wert darauf, mich wissen zu lassen, daß sie Liberale seien, und versuchten, meine Ausdrucksweise zu korrigieren. Auf keinen Fall sollte ich »Brüder« sagen, sondern immer »Schwestern und Brüder«. Und wenn es um Gott ging, sollte ich nicht von »ihm« oder vom »Vater« sprechen, sondern von »ihm und ihr« bzw. von »Mutter und Vater«.

Manch einer mag mich vielleicht auch für »liberal« halten, weil ich für göttliche Veränderung offen bin, aber diese Art Redewendungen überforderte mein Anpassungsvermögen bei weitem. Trotzdem muß ich sagen, daß dies prächtige Menschen waren, von denen ich eine ganze Menge gelernt habe.

Wir waren zu sechst oder siebt in einer Gebetsgruppe und sollten uns anhand des Buches Hiob über das Thema »Leid« austauschen. Einer nach dem anderen ließ sich lang und breit über das unsägliche Leid auf dieser Welt aus, doch als die Reihe an mich kam, verschob ich den Akzent ganz bewußt.

»Also, ich glaube, daß das Leid zum größten Teil von Satan verursacht wird«, begann ich.

Ein Pastor fiel mir ins Wort: »Sie wollen sagen, von einer negativen Kraft.« Ich erinnerte mich daran, daß ich mich unter Liberalen befand, und dieser Mann glaubte ganz offensichtlich nicht an die Existenz Satans.

Doch ein anderer Pastor kam mir zu Hilfe und wandte sich mit den Worten an den Skeptiker: »Lieber Bruder, ich habe immer so geglaubt wie Sie – daß es keinen Satan gebe –, aber vor zwei Jahren kam eine Frau aus meiner Gemeinde ganz aufgeregt in mein Büro und rief: ›Bitte, kommen Sie schnell! Meine Tochter ist vom Teufel besessen. Kommen Sie und beten Sie mit ihr!‹ Ich ging in meine Bibliothek, suchte ein altes, von der Episkopalkirche herausgegebenes Buch über Dämonenaustreibung heraus und ging mit der Frau nach Hause. Dort trieb ich die Dämonen aus, und das Mädchen wurde tatsächlich frei. Seit jenem Tag glaube ich, daß es einen Teufel gibt, und wenn nötig, treibe ich Dämonen aus.«

Und wißt ihr, was der Zweifler darauf erwiderte? »Nun ja, eine Theorie ist so lange gut, bis sie durch die Praxis widerlegt wird. Ich glaube, ich muß meine Theorie in bezug auf Satan revidieren.« Diese Offenheit! Der Mann war nicht zu träge, sich etwas Neues von Gott anzuhören, und sei es durch andere Menschen. Ich dachte bei mir: »Meine Güte! Diese Liberalen sind eine gute Gruppe! Sie lassen sich etwas sagen, und man kann wirklich von ihnen lernen.«

Wie sieht es dagegen aus, wenn man in eine mehr fundamentalistisch eingestellte Gemeinde kommt und etwas weitergibt, was mit dem Glauben der Leute nicht übereinstimmt? Man wird höchstwahrscheinlich hinausgeworfen! Bestimmt ist kaum einer der Anwesenden bereit, seine Theorie zu revidieren. Liberale wie die oben Beschriebenen sind in mancher Beziehung offener als viele konservative Christen, die hundertprozentig davon überzeugt sind, die richtige Lehre zu besitzen. Das ist die große Gefahr bei einer Kirche, die nur noch als Institution funktioniert: *Ohne es selber zu merken, sieht man nur das, was das System einem erlaubt zu sehen.*

Das bedeutet bereits in sich ein großes Problem. Aber wenn du weiterliest, wirst du sehen, daß noch andere Kräfte an der Arbeit sind, um unser geistliches Gehör zu unterminieren. Solange Satan auf diesem Gebiet Erfolg hat, braucht er keine Angst zu haben, daß das neue Leben Christi in uns jemals über das Kindergartenniveau hinauswachsen wird.

15 Sind wir schwerhörig geworden?

Eng verknüpft mit dem Problem, zu träge zum Hören zu sein, ist bei Menschen, die es sich in einer Institution bequem gemacht haben, die Neigung zur Schwerhörigkeit. Was macht uns schwerhörig? Der Traditionalismus.

Es hat nicht lange gedauert, bis dieses Problem in der Gemeinde Jesu sichtbar wurde. Gut, daß es so bald auftrat, denn das Risiko war sehr hoch.

Petrus und die anderen Jünger waren durch und durch Juden. Sie waren beschnitten, kannten sich im Gesetz aus – kurzum, sie wußten, daß sie die Besten, die Elite waren, Gottes auserwähltes Volk für Zeit und Ewigkeit.

Was sie nicht wußten, war, daß sie sich irrten!

Trotz aller Erkenntnis und trotz des Vorrechts, mit Jesus gegangen zu sein, begriffen sie doch nicht völlig, welchen Zweck sein Kommen gehabt hatte.

Wir wissen, daß Jesus sich, wenn es um bestimmte Dinge ging, sehr klar ausgedrückt hat. »Geht nun hin und macht alle Nationen zu Jüngern«, sagte er in Matthäus 28,19. »... ihr werdet meine Zeugen sein ... bis an das Ende der Erde« (Apostelgeschichte 1,8). Ich bin überzeugt, Jesus hat noch viel mehr gesagt, um klarzustellen, daß das Evangelium für die ganze Welt gilt.

Als er dann in den Himmel aufgefahren war, haben die Jünger etwa einen Gedanken daran verschwendet, den Heiden die frohe Botschaft zu verkündigen? Nein. Dabei hatten Petrus, Jakobus, Johannes und die übrigen quasi »in der ersten Reihe« gesessen, als Jesus seine Anweisungen gab. Wahrscheinlich haben sie ihn unterstützt mit ihrem: »Amen! Recht so! Halleluja! Das stimmt, Herr!«

Als Jesus die Gleichnisse von den trägen Hörern erzählte, hörten die Jünger seine Worte wahrscheinlich genauso, wie wir Christen sie heute oft hören: »Was sind die anderen doch schwerhörig in bezug auf geistliche Dinge! Gott sei Dank, daß wir die Sache begriffen haben.«

Folglich gingen sie hinaus, predigten zu Menschen, die gleich ihnen zum auserwählten Volk gehörten, heilten Kranke und hatten großen Erfolg. Aber ihr Dienst war weit entfernt von dem, was Gott wollte. Er wurde es langsam leid, ihre Begriffs-stutzigkeit mit anzusehen, die eine Folge jahrhundertelanger jüdischer Tradition und Überheblichkeit war.

Hilfe von oben

Also schickte Gott einen Engel zu Kornelius, einem Heiden. Der Engel befahl ihm, Soldaten loszuschicken und Petrus holen zu lassen. In der Zwischenzeit bekam Petrus eine merkwürdige Vision vom Herrn. Ein Tuch wurde aus dem Himmel herunter-gelassen, auf dem sich allerlei kriechende Tiere, Vögel und anderes Getier befanden, die den Juden verboten waren zu essen. Eine Stimme befahl Petrus, zu schlachten und zu essen. Doch die Stimme der Tradition, so tief in Petrus' Herzen verwurzelt, sträubte sich heftig dagegen: »Nie und nimmer, Herr! Du weißt doch, daß man das bei uns nicht macht.« Dreimal wies Gott den Petrus auf das Tuch mit den Tieren hin, aber die Tradition hatte ihn so fest im Griff, daß er einfach für nichts Neues offen war.

Danach ließ Gott Petrus wissen, daß einige Männer kommen würden, um ihn abzuholen. Ich glaube, daß Gott, der den gren-zenlosen Starrsinn von Petrus nur zu gut kannte, einfach kein Risiko eingehen wollte, denn er befahl ihm klipp und klar, mitzugehen. Als die Männer ankamen, berichteten sie Petrus, daß Kornelius sie auf Geheiß eines Engels gesandt habe, um ihn zu holen.

Petrus muß begriffen haben, daß hier tatsächlich Gott im Spiel war. Zuerst hatte er dreimal hintereinander die gleiche merkwürdige Vision gehabt. Und nun sprachen die Boten von einer Engelerscheinung, die genau mit seiner Vision übereinstimmte. Als Petrus dann bei Kornelius ankam, ging er tatsächlich so weit, zu bekennen: »Gott hat mir gezeigt, keinen Menschen gemein oder unrein zu nennen« (Apostelgeschichte 10,28). Damit wollte er jedoch lediglich klarmachen, warum er, ein heiliger Jude, sich über das Verbot, das Haus eines Heiden zu betreten, hinweggesetzt habe.

Was Petrus als nächstes sagte, mutet in der Tat erstaunlich an – bedenkt man, daß er es war, der gewöhnlich vorschnell den Mund aufgemacht hatte und sogar auf dem Wasser gegangen war, als keiner der anderen Jünger sich dazu bereit gefunden hatte: »Ich frage nun: Aus welchem Grund habt ihr mich holen lassen?« (Apostelgeschichte 10,29).

Wenn du eine Vision von Gott hättest, die auf den Abbau gewisser Schranken hinzielen würde, und kurz darauf käme eine Nachbarin, die du nicht besonders gut kennst, an deine Tür mit der Mitteilung, ein Engel habe ihr gesagt, du hättest eine Botschaft von Gott für sie – meinst du nicht, dir würde zumindest der Gedanke kommen, daß sich dir hier eine gottgeschenkte Gelegenheit zum Zeugnis bietet?

Petrus aber war noch immer nicht zu dieser Schlußfolgerung gekommen. Es bedurfte einer ganzen Reihe von Vorfällen der seltsamsten Art, bis ihm endlich ein Licht aufging und er bekannte: »In Wahrheit begreife ich, daß Gott die Person nicht ansieht, sondern in jeder Nation ist, wer ihn fürchtet und Gerechtigkeit wirkt, ihm angenehm« (Apostelgeschichte 10,34-35).

Doch auch zu diesem Zeitpunkt hatte er, wie ich glaube, noch nicht vor, diesen Heiden die Taufe anzubieten. Ich kann mir vorstellen, wie Gott-Vater und Gott-Sohn im Himmel einander ansahen und kopfschüttelnd sagten: »Sieh nur einer den alten Petrus an! Wahrscheinlich wird er uns wieder einen Strich durch die Rechnung machen – einfach den Leuten die Evangeliumsbotschaft an den Kopf knallen und dann weggehen und sie mit ihrer Sündenschuld allein lassen. Wir müssen uns unbedingt etwas einfallen lassen, damit er merkt, was los ist.«

Während Petrus noch redete, fiel der Heilige Geist. Die jüdischen Gläubigen, die mit Petrus gekommen waren, waren zutiefst erstaunt, denn diese Heiden sprachen auf einmal in neuen Zungen, priesen und lobten Gott und hatten eine großartige Versammlung im Heiligen Geist (siehe Apostelgeschichte 10,44-46).

Ich kann mir denken, daß Petrus seine Gefährten am Arm faßte und sie in einen anderen Raum zog, um schleunigst eine improvisierte Vorstandssitzung abzuhalten.

»Was machen wir jetzt?« fragt Petrus.

»Sollen wir sie taufen, oder was?« meint ein anderer.

»Das wäre eine Möglichkeit, aber was würden die Brüder in Jerusalem dazu sagen?« wirft ein dritter ein.

Doch nun läßt sich nicht mehr überhören, was die Engel Gottes Petrus förmlich ins Ohr schmettern: »Tauf sie! Tauf sie!«

»Ich fühle, Gott möchte, daß wir sie taufen«, verkündigt Petrus. Und damit ist die Sache entschieden.

Festhalten an der Tradition

Endlich war es Gott gelungen, seine Botschaft an den Mann zu bringen – trotz der Person von Petrus. Wir sollten indessen nicht allzu streng mit ihm ins Gericht gehen. Ohne das direkte Eingreifen Gottes war es ihm einfach nicht möglich gewesen, die jahrhundertelangen Traditionen abzuschütteln. Und das galt nicht nur für Petrus. Als er nach Jerusalem zurückgekehrt war, mußte er auch dort die Apostel und Ältesten zuerst überzeugen, was nicht ohne viele schöne Worte abging.

Nicht, daß die Tradition grundsätzlich etwas Schlechtes wäre. Aber Traditionen und Überlieferungen können eine ungeheure Macht auf uns Menschen ausüben und manchmal sogar unsere Fähigkeit, die Stimme Gottes und seines geschriebenen Wortes zu vernehmen, beeinträchtigen. Dadurch, daß er sich unser fleischliches Verlangen nach Vertrautheit, nach Bequemlichkeit und danach, unangenehme Überraschungen nach Möglichkeit auszuschließen, zunutze macht, kann der Traditionalismus zu einer wirksamen Waffe in der Hand Satans werden. Viele sogenannte Christen würden lieber der Bibel den Laufpaß geben als ihren menschlichen Traditionen und Überlieferungen.

Deswegen prangerte Jesus diese Dinge auch oft so hart an. Als die Pharisäer am Sticheln waren, weil seine Jünger sich nicht die Hände wuschen, bevor sie Brot aßen, schwoll ihm sozusagen die Zornesader: »Und warum übertretet ihr selbst das Gebot Gottes wegen eurer Überlieferung?« fragte er sie in Matthäus 15,3. Dann nannte er als Beispiel, daß sie sich vor ihrer Aufgabe, den Eltern in ihren finanziellen Nöten beizustehen, drückten, indem sie das Geld lieber für religiöse Zwecke stifteten und damit das Gebot, Vater und Mutter zu ehren, übertraten.

Die formbare Gemeinde

Menschliche Traditionen gedeihen vorzüglich in einer Institution, weil in dieser gewöhnlich keine wirkliche Veränderung stattfindet. Sie mag zwar ein neues Gebäude oder einen neuen Vorstand erhalten, sie mag größer oder kleiner werden, aber im Grunde bleibt sie immer die gleiche.

Ein Organismus dagegen ist viel komplexer. Einerseits verändert er sich laufend, während er sich andererseits in gewisser Hinsicht überhaupt nicht verändert. Aus diesem Grund meine ich, daß die Gemeinde Jesu mehr einem Organismus gleichen sollte. Die Gemeinde setzt sich bekanntlich aus Menschen zusammen – Menschen, die ihrem alten, fleischlichen Leben gestorben sind und in ihrem neuen Leben in das Bild Christi umgestaltet werden. Auf der einen Seite soll sich die Gemeinde nicht verändern, weil Jesus Christus derselbe ist, gestern, heute und in alle Ewigkeit. Vater, Sohn und Heiliger Geist sind ewig. Ihr Wesen ist ewig. Ihre Prinzipien sind ewig. Gottes geoffenbartes Wort hat ewige Gültigkeit.

Auf der anderen Seite muß sich aber die Gemeinde verändern, so wie jeder echte Organismus es tut. Nehmen wir als Beispiel die Familie; sie wächst und entwickelt sich. Zuerst waren meine Kinder klein und nur mit kindlichen Dingen beschäftigt. Jetzt, als Erwachsene, nehmen sie die Verantwortung von Erwachsenen wahr, sorgen für ihre eigenen Familien, verdienen ihren Lebensunterhalt selber usw.

Alle meine Kinder sind immer noch menschliche Wesen. Sie sind immer noch meine »Sprößlinge«. Sie besitzen alle noch die gleichen Persönlichkeitsmerkmale, Überzeugungen und in gewissem Sinne auch die gleichen Gesichtszüge wie damals, als sie klein waren. Und doch unterscheiden sie sich grundlegend von den quäkenden, krabbelnden kleinen Wesen, die ich einst kannte. Sie haben sich verändert. Zum Glück ist keine menschliche Tradition stark genug, um Veränderung in einem lebendigen Organismus zu verhindern.

Wer oder was herrscht?

Ein weiterer Unterschied zwischen Institution und Organismus ist die Frage, was sie beherrscht.

Ein Organismus wird vom inwendigen Leben beherrscht. Solange ein Organismus jung ist, wird er als Folge des Wachstumsprozesses größer. Unaufhaltsam wird er gedrängt, sich auszudehnen. Ein genetischer Code bestimmt, welche Veränderungen der Organismus durchläuft, und nur der Tod oder eine schwere Krankheit ist in der Lage, diese Gesetzmäßigkeit aufzuhalten.

Eine Institution wird von Gesetzen beherrscht. In vielen kirchlichen Institutionen ist alles in Ordnung, solange das Mitglied an die Auferstehung, die Wiederkunft Jesu und was sonst noch für Lehren besonders betont werden, glaubt, solange es weder raucht noch trinkt noch ins Kino geht bzw. was sonst noch alles auf der »schwarzen Liste« stehen mag, meidet. Wer außerdem treu seinen Zehnten bezahlt, regelmäßig die Gottesdienste besucht und in der Gemeinde mitarbeitet, ist mehr als okay. Mit Mitgliedern dieser Art schwimmen die Institutionen leicht und sicher dahin und merken überhaupt nichts von einem Drängen – es sei denn, dieses Drängen kommt von innen heraus und wird dann nicht lange geduldet.

Gott drängt und schiebt auch heute noch. Sogar in Pfingstgemeinden und anderen Kreisen, deren Leiter betonen, für das Wirken des Geistes offen zu sein, können sich Starrheit und Unbeweglichkeit einschleichen, die groß genug sind, um den Widerstand gegen jede Art von Veränderung zu einem Problem werden zu lassen. Leider hat ein erfolgreicher »Schubs« von Gott manchmal die unangenehme Nebenwirkung, daß manche Leute dabei umgestoßen werden und verwirrt und benommen auf der Strecke bleiben, wenn sie nicht sogar verbittert werden.

Ich möchte mich keineswegs negativ über unsere verschiedenen Denominationen äußern, aber wir stehen alle in der Ge-

114

fahr, irgendwann zu stagnieren, weil wir Menschen nun einmal von dem Wunsch beseelt sind, einen Ort zu finden, wo wir unseren Verstand an der Garderobe abgeben und nicht nur die Seele, sondern auch Körper und Geist »baumeln« lassen können.

Falls du meinst, das sei nur meine Phantasie – schau dir Jesus an. Mit wem hat er die meiste Zeit verbracht? Mit Sündern, Prostituierten, Zöllnern – also mit Leuten, die außerhalb des Gesetzes standen. Sie erhoben nicht den Anspruch, gerecht zu sein, gaben auch nicht vor, die »ganze Wahrheit« zu besitzen.

Die Heiden nannte Jesus nie Heuchler, aber er scheute sich nicht, seinem Ärger gegenüber den Pharisäern – dem Gegenstück der Kirchenfrommen unserer Zeit – deutlich vernehmbar Luft zu machen. Er bezeichnete sie als »Schlangenbrut« oder auch als »getünchte Gräber«. Dieses vernichtende Urteil war zum großen Teil darauf zurückzuführen, daß sie zwar das Gesetz verehrten, aber immer auf Kosten von Liebe und Mitmenschlichkeit.

Gewiß gehören die meisten von uns irgendeiner traditionellen Kirche oder Denomination an. Und das ist auch gut so. Trotzdem sollten wir wachsam sein: Allein die Tatsache, daß wir die Sabbatgebote, die Speisevorschriften und andere Details des alttestamentlichen Gesetzes nicht halten, bedeutet nicht, daß wir gegen die heimtückische Selbstgerechtigkeit einer zur Institution erstarrten Religion gefeit sind.

Ständig in Bewegung

Ein professioneller Baseballspieler kann den Ball mit annähernd 150 km/h werfen. Doch selbst der schnellste Werfer ist nicht in der Lage, den Ball auf Dauer in Bewegung zu halten. Sobald er ihn aus der Hand gleiten läßt, trifft der Ball auf Luftwiderstand und fängt automatisch an, langsamer zu werden. Das Gesetz der Schwerkraft zieht ihn unweigerlich hinunter in den Staub.

Die Gemeinde Jesu gleicht oft allzusehr einem geworfenen Baseball. Nachdem sie einen blendenden neuen Kraftschub vom Heiligen Geist erlebt hat, vergeudet sie ihn bereits wieder am nächsten Tag oder im nächsten Jahr. Nur zu bald treten Reibung und Schwerkraft der »Gesetzesliebhaber« zutage und fangen an, das, was der Geist ins Leben gerufen hat, in seinem Schwung zu hemmen. So wie Paulus tadelnd an die Galater schrieb: »Seid ihr so unverständig? Nachdem ihr im Geist angefangen habt, wollt ihr jetzt im Fleisch vollenden?« (Galater 3,3).

Jeder natürliche Organismus wächst und verändert sich laufend, trotzdem steht am Ende der Tod. Die Gemeinde Jesu als geistlicher Organismus soll und darf unbegrenzt wachsen und Veränderung erfahren. Sie soll das Gesamtbild des ständig zunehmenden neuen Lebens in jedem einzelnen Gläubigen widerspiegeln. Wenn du und deine Geschwister eine lebendige Beziehung zu Gott im Gebet haben, wenn jeder von euch seinen Willen zu erkennen und zu tun sucht als ein treuer Knecht, dann muß das in deiner Kirche oder Gemeinde zu sehen sein. Eure Freundschaft mit Gott als ganze Gemeinschaft sollte sich je länger je mehr verändern und dabei immer reifer werden. Wie und woran sich das zeigt, wollen wir im folgenden Kapitel näher betrachten.

16 Geistliche Kinder bekommen

Ich weiß noch, wie wir auf der Oberschule einmal Frösche sezierten. Wenn der beste Chirurg der Welt einen dieser Frösche, dessen Eingeweide ich über den ganzen Tisch ausgebreitet hatte, wieder hätte zusammensetzen wollen, hätte er sicher hilflos mit den Schultern gezuckt.

Die Gemeinde Jesu unserer Tage hat sich auf das Sezieren der Bibel spezialisiert. Wir sezieren Bibelverse am Sonntag morgen, einige Gemeinden auch am Sonntag abend und noch zusätzlich ein- oder zweimal in der Woche. Hauskreise treffen sich außerdem zum Bibelstudium und betätigen sich als Amateur-Sezierer.

Und was ist das Ergebnis? Unsere Bibeln sind durchzogen von »Operationsnarben« in Form von unterstrichenen Versen. Unsere Köpfe sind voll von solchen herausgeschnittenen Versen und den dazugehörigen Kommentaren. Aber in sehr vielen Kreisen bleibt die Arbeit Jesu Christi, nämlich die praktische Umsetzung dieser Bibelverse, auf der Strecke.

Hier haben wir ein weiteres Hindernis für geistliches Wachstum: *Hören, ohne zu tun.* Bevor ich dieses Kapitel abschließe, möchte ich noch auf ein letztes Hindernis zu sprechen kommen: *das Versäumnis, geistliche Kinder zu bekommen.*

Aus dem Laufstuhl heraus

Als Baby wurde ich in einen Laufstuhl gesteckt. Ich war zwar aus dem Krabbelstadium herausgewachsen, aber von richtigem Laufen konnte noch längst keine Rede sein. Meine Mutter hätte mich für Jahre in diesem Laufstuhl lassen und mir immer wieder eintrichtern können, wie ich das Gleichgewicht halten müsse, um allein gehen zu können, nachdem sie mich aus dem Stuhl herausgeholt hätte. Egal, wie oft und wie lange ihre Belehrungen gedauert hätten – wenn der entscheidende Tag tatsächlich gekommen wäre, hätte ich immer noch nicht laufen können. Worte sind gut und schön, aber sie helfen uns nur bis zu einem bestimmten Punkt weiter.

Wir hören mehr als wir brauchen in unseren modernen Gemeinden. Sätze wie »Praktiziere, was du predigst!« oder: »Wort und Tat gehören zusammen« sind uns bestimmt allen geläufig. Aber irgendwie scheint es häufig an Gelegenheiten zum Praktizieren und zum Tun zu fehlen.

Fragst du jemand am Donnerstag, worum es in der Predigt vom vergangenen Sonntag gegangen sei, dann muß er wahrscheinlich zunächst einige Augenblicke überlegen, ehe es ihm wieder einfällt – wenn es ihm überhaupt einfällt. Häufig hat sogar die Frau des Pastors Mühe, sich zu erinnern! Und wie steht es mit vorletztem Sonntag? Oder gar dem Sonntag vor vier Wochen?

So viele Predigten in so kurzer Zeit!

Machen wir uns hier nicht etwas vor? Jesus hat nicht gesagt: »Wer diese meine Worte hört, anschließend die Kassette kauft, eifrig mitschreibt und den Schlüsselvers auswendig lernt, den vergleiche ich einem klugen Mann.« Er sagte: »Jeder nun, der diese meine Worte hört *und sie tut*, den werde ich einem klugen Mann vergleichen, der sein Haus auf den Felsen baute« (Matthäus 7,24). Wer seine Worte hört, aber nicht tut, gleicht dagegen einem törichten Mann. Wenn der erste große Platzregen kommt, wird sein Haus weggeschwemmt. Warum? Weil Worte und Belehrungen allein keine solide Grundlage bilden.

Ich habe bereits erwähnt, wie unsere Gemeinde in Argentinien vor vielen Jahren diesem Problem zu Leibe gerückt ist. Wir kamen zu dem Entschluß, keine neue Predigt zu halten, bevor nicht die letzte wirklich aufgenommen und in die Tat umgesetzt

118

worden war. In der Christenheit insgesamt wäre so etwas bis heute ein revolutionärer Gedanke. Auf jedem anderen Gebiet, wo Menschen ihren Verstand gebrauchen und vernünftige Ergebnisse erwarten, ist es das Selbstverständlichste von der Welt.

Oder wird deine Klavierlehrerin dich etwa die nächste Lektion in Angriff nehmen lassen, wenn du den laufenden Stoff noch nicht beherrschst? Bestimmt nicht! »Du mußt mehr üben«, wird sie sagen. Du magst vor Wut mit den Zähnen knirschen, magst sie insgeheim beschimpfen – und weißt im Grunde doch ganz genau, daß sie recht hat. Entweder du fügst dich, oder du gibst das Klavierspielen ganz auf.

Natürlich könnt ihr beide euch auch darauf einigen, euch gegenseitig etwas vorzumachen. Ihr könnt einfach mit den Lektionen weitermachen und so tun, als könntest du alle möglichen Musikstücke spielen. Aber irgendwann kommt bestimmt der Vorspielabend; dann schlägt die Stunde der Wahrheit, und du mußt eine Erklärung dafür finden, daß deine Finger nicht in der Lage sind, vernünftige Melodien hervorzubringen. Dann nützt es auch wenig, die Schuld auf die Klavierlehrerin zu schieben.

Lehren weitergeben oder Befehle austeilen?
Wenn man eine Gruppe von Christen fragt: »War Jesus ein großer Lehrer?«, werden bestimmt alle zustimmend nicken. Aber halt, laßt uns einmal genau überlegen, was wirklich aus dem Mund des Meisters kam. Die Wahrheiten, die er aussprach, waren ohne Zweifel das Wichtigste, was die Welt je hören würde. Er *war* ein guter Lehrer. Aber ich würde mich nicht wundern, wenn sich einige moderne Redner, mit all ihrem Humor und den vielen lebendigen Beispielen, die sie benutzen, mit ihm messen könnten und die besseren Noten als Sprecher bekommen würden. Ich sage das nicht, um Jesus irgendwie herabzusetzen, aber ich glaube, daß seine irdische Mission nicht darin bestand, die Leute zu unterhalten oder nur zu belehren. Er kam, um die Menschheit zu retten, das hieß, den Evangeliumsball ins Rollen zu bringen. Um das zu tun, *teilte er Befehle aus.*

Wenn die Bibel uns einen repräsentativen Querschnitt der Lehren Jesu bietet, dann muß man feststellen, seine Reden waren ganz schön kurz. Es ging ihm mehr darum, Menschen etwas beizubringen, als darum, große Reden zu schwingen.

In Matthäus Kapitel 10 lesen wir, wie Jesus seinen Jüngern Vollmacht über böse Geister und Macht gab, Kranke zu heilen. Aber damit nicht genug. Seine Absicht war es, daß sie diese Vollmacht praktisch umsetzen sollten:

> »Diese zwölf sandte Jesus aus und befahl ihnen und sprach: Geht nicht auf einen Weg der Nationen, und geht nicht in eine Stadt der Samariter; geht aber vielmehr zu den verlorenen Schafen des Hauses Israel. Wenn ihr aber hingeht, predigt und sprecht: Das Reich der Himmel ist nahe gekommen. Heilt Kranke, weckt Tote auf, reinigt Aussätzige, treibt Dämonen aus! Umsonst habt ihr empfangen, umsonst gebt. Verschafft euch nicht Gold noch Silber noch Kupfer in eure Gürtel, keine Tasche auf den Weg, noch zwei Unterkleider, noch Sandalen, noch einen Stab; denn der Arbeiter ist seiner Nahrung (oder: seines Lohnes) wert.« *Matthäus 10,5-10*

Jesus sagte zwar noch viel mehr, aber du verstehst, was ich meine. Die Jünger haben ihm daraufhin bestimmt nicht die Hand geschüttelt und gesagt: »Oh, was für eine wundervolle Predigt, Herr! Stoff genug zum Nachdenken für die ganze Woche! Also dann, bis nächsten Sonntag!« Statt dessen marschierten sie los und setzten ihre geistlichen Muskeln in Bewegung.

In Lukas 10,17 lesen wir die Reaktion der siebzig Jünger, als sie von ihrem Einsatz zurückkamen: »Herr, auch die Dämonen sind uns untertan in deinem Namen.« Jesus spricht zunächst einige klärende Worte über ihre geistliche Vollmacht und sagt dann: »Doch darüber freut euch nicht, daß euch die Geister untertan sind; freut euch aber, daß eure Namen in den Himmeln angeschrieben sind« (Lukas 10,20). Dieses Muster sollte in unserem geistlichen Wachstum zu finden sein: Wir bekommen Anweisung, setzen sie in die Praxis um, kommen zurück, um uns korrigieren zu lassen, und gehen wieder in die Praxis.

Die Studienfalle
Aus diesem Grund müssen wir aufpassen, welche Betonung wir auf Predigt und Bibelstudium legen. Jesus hat nicht gesagt: »Achtet darauf, daß ihr Bibelstunden abhaltet – und vergeßt ja

nicht, die richtige Übersetzung zu benutzen!« Was er sagte, war: »*Tut*, was Gottes Wort euch sagt!« Als der Herr einen Esel brauchte, gab er den Aposteln keine Lektion über Esel ganz allgemein, sondern er sagte ihnen, wo der Esel war, und forderte sie auf, ihn zu holen.

Einmal mußte ich fünf Abende in der Kapelle eines theologischen Seminars halten, an dem ich das Fach Homiletik unterrichtete, also Geschichte und Theorie des Predigtaufbaus. Meine Schüler würden mir zuhören, deshalb nahm ich mir vor, richtig dick aufzutragen, damit sie merkten, ich wußte, wovon ich sprach. Ich entschloß mich, jeden Abend über das Gleichnis vom barmherzigen Samariter zu sprechen und es verschieden auszulegen.

Am ersten Abend verglich ich Jerusalem mit dem Garten Eden und Jericho mit dem Sündenfall. Der Levit und der Priester in der Geschichte verkörperten die Religionen dieser Welt, die dem Gefallenen nicht helfen konnten. Der barmherzige Samariter war Jesus, der die Menschheit schließlich rettete. Am zweiten Abend war Jerusalem die Gemeinde, Jericho die Welt, der in Not geratene Mann ein abgefallener Christ und der barmherzige Samariter der Bruder, der ihn zurück in die Gemeinde brachte. Am dritten Abend schließlich stellte Jerusalem das Leben im Geist dar und Jericho das Leben im Fleisch. Und so ging es weiter, fünf Abende lang – immer neue Wahrheiten, neue Erkenntnisse, neue Tiefen!

»Bruder Ortiz, was für gewaltige Offenbarungen!« sagten die Studenten bewundernd. Doch in späteren Jahren mußte ich Buße darüber tun, daß ich andere für meine intellektuellen Klimmzüge mißbraucht hatte. Jesus hat dieses Gleichnis bestimmt nicht erzählt, damit die Prediger sich einen Spaß daraus machen.

Wäre es zu simpel, zu sagen, der Kernpunkt des Gleichnisses liegt in der Aufforderung, Menschen auf unserem Weg, die in Not geraten sind, zu helfen? Das ist das einzige, was ich in dem stundenlangen Geschwätz, mit dem ich diese fünf Abende füllte, *nicht* erwähnte!

Als mir diese Wahrheit schließlich aufgegangen war, las ich eines Sonntagmorgens der Gemeinde das Gleichnis vor. Dann sagte ich: »Die Predigt heute lautet folgendermaßen: Wenn ihr gleich diesen Raum verläßt, dann bleibt bei dem ersten Menschen in Not, dem ihr begegnet, stehen – egal, was für eine Not das ist. Helft diesem Menschen in seiner Not! Nun könnt ihr gehen!«

»Aber, Bruder Ortiz, wir hatten eine tiefe Predigt erwartet«, protestierten einige. Dabei war das, was ich ihnen gesagt hatte, so ziemlich das Tiefste, was das Christenleben ausmacht. Wenn es für uns Christen ganz einfach und unkompliziert wäre, unseren Mitmenschen in Not zu helfen, würde es bestimmt viel weniger Not auf dieser Welt geben. Und viel mehr Christen, die an der Arbeit sind!

Ich sage nicht, daß alle Gemeinden das kopieren müssen, was wir in unserer Gemeinde getan haben. Nur zu deiner Information: Wir fingen an, zwei bis drei Monate für eine einzige Predigt zu benötigen. Vier »Marschbefehle« des Herrn pro Jahr – kein schlechtes Ergebnis, wenn es einem tatsächlich gelingt, die Lehre zu einem Bestandteil des Lebens werden zu lassen.

Es läßt sich noch viel mehr über die Tendenz, zu hören, aber nicht zu tun, sagen. Doch zunächst wollen wir ein weiteres Hindernis für geistliches Wachstum betrachten.

Wachstum durch Kinderkriegen

Im Alter von 20 Jahren trat ich in den Pastorendienst und blieb bis zu meinem 27. Lebensjahr Junggeselle. Als lediger Pastor dachte ich jedes Mal, wenn ein Kind den Gottesdienst störte, entrüstet:»Wie können die Eltern bloß so etwas zulassen! Sie sind ja nicht einmal fähig, ihre Sprößlinge in Schach zu halten. Wenn *ich* einmal Kinder haben sollte, werde ich dafür sorgen, daß sie sich ordentlich benehmen!«

Ich wußte alles über Kindererziehung – bis Gott mir selber Kinder schenkte, die es zu erziehen galt. Doch dann hatte ich oft den Eindruck, ich hätte die lebhaftesten und unruhigsten von allen. Sie lehrten mich enorm viel. Ich hätte mich auf diesem Gebiet nicht weiterentwickeln können, wenn ich nicht selber Vater geworden wäre. Genauso ist es mit dem geistlichen Wachstum – *wir können nicht wachsen, wie wir sollen, wenn wir uns nicht geistlich fortpflanzen* und uns dann mit der Erziehung junger Christen beschäftigen müssen.

In Hebräer 5,12 heißt es: »Denn während ihr der Zeit nach Lehrer sein solltet ... seid (ihr) solche geworden, die Milch nötig haben und nicht feste Speise.« Mit anderen Worten: »Ihr solltet eigentlich längst Kinder in Christus haben und ihnen geistliche Speise zu essen geben.«

Wenn man anfängt, sich um jemand zu kümmern, der gewissermaßen auf einen angewiesen ist, dann wird der eigene Hang zu murren und sich zu beklagen automatisch abnehmen. Als ich noch ein Kind war, gefiel mir dieses Hemd nicht, ich mochte jene Schuhe nicht, mir schmeckte das Mittagessen nicht usw. Als ich dann selber Kinder zu erziehen hatte, sah ich mich selbst und auch meine Eltern plötzlich ganz anders an. Als Martha und ich uns beispielsweise sehr verausgabten, um mit den Kindern eine Reise nach Kalifornien zu machen, damit sie sich in »Disneyland« vergnügen konnten, was sagten die Kinder da? »Was, wir fahren bloß nach Kalifornien? Ich wollte doch nach Hawaii!«

Wie oft geht es in der Gemeinde genauso zu. Grund zum Klagen gibt es ja auch genug: über den Gottesdienstablauf, über etwas, was einem an der letzten Predigt des Pastors nicht gefallen hat, über den Diakon, der eigentlich gar kein Diakon sein dürfte, usw. Vieles davon trifft den Pastor persönlich – wenn nicht direkt, dann indirekt. Er ist schließlich der »Vater« der Gemeinde.

Aber die Dinge verändern sich schlagartig, wenn die Leute anfangen, sich um Neubekehrte zu kümmern. Wenn jemand plötzlich um Mitternacht anruft und um Hilfe bittet, wenn er seine Not auf deinen Schultern ablädt und du dein Bestes tust, um Galater 6,2 zu befolgen und »die Last des anderen zu tragen«, kommt es dir bestimmt töricht vor, ein verdrießliches »frommes« Gesicht aufzusetzen und besorgt zu fragen, ob die Predigerfrau sich denn auch wirklich anständig genug für den Gottesdienst kleidet!

Das ganze Alphabet durchnehmen
Einige Verse nach der erwähnten Ermahnung: »Ihr solltet Lehrer sein«, heißt es in Hebräer 6,1-2: »Deshalb wollen wir das Wort vom Anfang des Christus (oder: die anfängliche Belehrung über den Christus) lassen und uns der vollen Reife zuwenden und

nicht wieder einen Grund legen mit der Buße von toten Werken und dem Glauben an Gott, der Lehre von Waschungen und der Handauflegung, der Totenauferstehung und dem ewigen Gericht.«

Diese Lehren sind gewiß etwas Gutes, so wie ein leckeres Steak. Aber selbst das beste Steak schmeckt einem nicht mehr, ja, man ekelt sich direkt davor, wenn man es jeden Tag zu allen drei Mahlzeiten vorgesetzt bekommt. Und doch haben viele unserer Gemeinden eine Liste von biblischen Grundwahrheiten erstellt, die sie ein ums andere Mal durchkauen.

Um eine Gemeinde frisch zu erhalten, sollten diejenigen, die das biblische ABC gelernt haben, ermuntert werden, mit DEF weiterzumachen, während sie ihrerseits den jüngeren Christen das ABC beibringen. Auf diese Weise wird es keinem langweilig, und alle wachsen gesund. Ich hörte einmal von einer Gemeinde, die innerhalb von wenigen Jahren 1400 Menschen getauft hatte, aber der gesamte Mitgliederstand war immer gleich geblieben. Gewiß, manche mögen gestorben oder weggezogen sein, aber offensichtlich war es vielen einfach langweilig geworden. Sie hatten sich eine neue Gemeinde gesucht oder waren sogar vom Herrn weggegangen.

Zusammenfassend hier nochmals einige Dinge, die das Wachstum des neuen Lebens Christi in uns hemmen können: aus Gesetzen anstatt aus dem neuen Leben heraus leben, zu träge sein zum Hören, schwerhörig sein, hören ohne zu tun und versäumen, geistliche Kinder zu bekommen. Ehe ich jedoch dieses Buch zu Ende bringe, möchte ich mich noch etwas intensiver mit dem Hören ohne nachfolgendes Tun beschäftigen. Das ist ein Problem, das in unseren Tagen weit verbreitet ist.

17

Die Lehre in der Gemeinde: Reine Philosophie oder praxisbezogene Unterweisung?

Ein junger Prediger hielt seine erste Predigt als Kandidat für den geistlichen Dienst. Niemand ließ irgendeine Reaktion erkennen. Er wartete darauf, wenigstens ein kleines Zeichen der Zustimmung zu erhalten, aber umsonst. Schließlich sprach er eine ältere Frau an.

»Schwester, wie hat Ihnen meine Predigt gefallen?«

»Sie hat mir überhaupt nicht gefallen, und zwar aus drei Gründen«, lautete die Antwort. »Erstens haben Sie sie abgelesen, zweitens haben Sie sehr schlecht gelesen, und drittens war sie es überhaupt nicht wert, vorgelesen zu werden.«

Wir haben bereits gesehen, daß alles Hören umsonst ist, wenn ihm keine Taten folgen. Das soll nicht heißen, daß Lehre unwichtig sei. Aber vielleicht müssen wir, genau wie der besagte junge Prediger, andere Akzente bei der Verkündigung setzen und mehr darauf achten, wie sie aufgenommen wird. Wir sollten unsere gesamte gottesdienstliche Belehrung neu überprüfen.

Gesunde Lehre
Im Titusbrief finden wir einige gewichtige Aussagen zu diesem Thema:

125

»Du aber rede, was der gesunden Lehre geziemt: daß die alten Männer nüchtern seien, ehrbar, besonnen, gesund im Glauben, in der Liebe, im Ausharren; ebenso die alten Frauen in der Haltung, wie es der Heiligkeit geziemt, nicht verleumderisch, nicht Sklavinnen von vielem Wein, Lehrerinnen des Guten; damit sie die jungen Frauen unterweisen, ihre Männer zu lieben, ihre Kinder zu lieben, besonnen, keusch, mit häuslichen Arbeiten beschäftigt, gütig zu sein, den eigenen Männern sich unterzuordnen, damit das Wort Gottes nicht verlästert werde. Ebenso ermahne die jungen Männer, besonnen zu sein, indem du in allem dich selbst als ein Vorbild guter Werke darstellst. In der Lehre beweise Unverdorbenheit, würdigen Ernst, gesunde, unanfechtbare Rede, damit der von der Gegenpartei beschämt wird, weil er nichts Schlechtes über uns zu sagen hat. Die Sklaven ermahne, ihren eigenen Herren sich in allem unterzuordnen, sich wohlgefällig zu machen, nicht zu widersprechen ...« *Titus 2, 1-9*

In Kapitel 3 gibt Paulus weitere klare Instruktionen:

»Erinnere sie, staatlichen Gewalten und Mächten untertan zu sein, Gehorsam zu leisten, zu jedem guten Werk bereit zu sein, niemand zu lästern, nicht streitsüchtig zu sein, milde, gegen alle Menschen alle Sanftmut zu erweisen. Denn einst waren auch wir unverständig, ungehorsam, gingen in die Irre, dienten mancherlei Begierden und Lüsten, führten unser Leben in Bosheit und Neid, verhaßt, einander hassend.« *Titus 3, 1-3*

Paulus beginnt mit der Aufforderung, »gesunde Lehre« weiterzugeben. Was ist damit gemeint?

Ich sehe zwei Arten von Lehre in der Bibel. Die eine möchte ich als christliche Philosophie bezeichnen. Damit meine ich keine Philosophie im weltlichen Sinn, sondern im Rahmen rein christlicher Ethik. Es geht um Dinge, über die man sprechen bzw. philosophieren, aber die man im Grunde nicht anfassen kann. Was kann man z. B. mit dem 1000jährigen Reich machen, außer darüber zu reden? Wie setzt man die sieben Posaunen in der Offenbarung praktisch um?

Die andere Art der Lehre ist praktische christliche Unterweisung. Hier geht es um Dinge, die wir selbst tun können, um Bereiche, in denen Veränderung tatsächlich möglich ist. Beispielsweise sagt Paulus im obenerwähnten Text, daß die alten Frauen die jungen unterweisen sollen, ihre Männer zu lieben, ihre Kinder richtig zu erziehen, ihr Haus in Ordnung zu halten, sparsam mit ihrem Geld umzugehen usw. Ist es in deiner Gemeinde so, daß die alten Frauen die jungen in diesen Dingen unterweisen? Wenn nicht, dann fehlt es bei euch an gesunder Lehre.

Vielleicht sagst du: »Paulus hat damals in einer anderen Kultur gelebt und gelehrt. Heute ist alles anders.« Doch wenn du in einem der Industriestaaten der westlichen Welt lebst, wo Ehescheidungen an der Tagesordnung sind und alle möglichen sozialen Probleme existieren, deren Ursache in dem Zerfall von Ehe und Familie liegt, dann meine ich, du brauchst die gesunde Lehre aus Titus 2 wahrscheinlich nötiger als die Menschen damals.

»Ach«, sagst du, »ich möchte lieber über die Wiederkunft Jesu sprechen.«

Wozu? Ändern kannst du sowieso nichts an dem Tag, da Jesus wiederkommt. Aber wenn es in deiner Gemeinde alte und junge Frauen gibt, kannst du dafür sorgen, daß die alten den jungen helfen.

Nutzlose Spekulationen

Manchmal sind gerade wir geistlichen Leiter diejenigen, die am stärksten zu philosophischen Phantastereien neigen. Anläßlich eines Seminars für Pastoren in Puerto Rico fragte mich einer der Teilnehmer: »Was denkst du über den Seelenschlaf?«

Ehrlich gesagt, darüber hatte ich noch nie nachgedacht. (Obwohl natürlich jeder Prediger sich von Zeit zu Zeit die Frage stellt, ob die Seelen, die da vor ihm im Gottesdienst sitzen, wirklich wach sind oder nur ihre Augenlider festgeklebt haben, damit sie ihnen nicht zufallen!)

»Was ist das, Seelenschlaf?« fragte ich ihn.

»Wenn du stirbst, was machst du zwischen dem Augenblick deines Todes und der Auferstehung?«

»Keine Ahnung«, erwiderte ich. »So weit bin ich noch nicht gewesen.«

Daraufhin meinte mein Gesprächspartner mit ziemlichem Nachdruck: »Wir sind wach!«

Ich fragte ihn, wie er zu dieser Überzeugung gelangt sei.

»Nun, es heißt doch in der Bibel, daß die Verstorbenen sich in der Gegenwart des Herrn befinden«, entgegnete er. »Also müssen wir wach sein. Und denk einmal an Lazarus und den reichen Mann – sie waren nach ihrem Ableben ganz bestimmt wach, denn sie haben miteinander gesprochen.«

Jemand anders meint vielleicht: »Nein, wir werden schlafen, denn die Bibel sagt: ›Selig sind die im Herrn Entschlafenen, denn sie ruhen von ihren Werken.‹ Und jedesmal, wenn es um die Toten geht, spricht die Bibel von den ›Entschlafenen‹.«

»Nun, was meinst du dazu, Bruder Ortiz?«

»Eigentlich gar nichts, weil ich glaube, daß wir, wenn wir sterben, in eine ganz andere zeitliche Dimension versetzt werden. Meiner Meinung nach finden Tod und Auferstehung gleichzeitig statt, denn wenn wir diese Erde verlassen und in die Ewigkeit gehen, wird es keine Zeit mehr geben, weder Jahr noch Tag. Eines weiß ich: Solange wir hier unten sind, sollen wir einander lieben. Aber was den Seelenschlaf anbetrifft – laß uns einfach abwarten! Wenn Gott uns einschlafen läßt, dann schlafen wir eben. Tut er es nicht, sind wir wach. Wo ist da das Problem?«

Allzuoft liegt das Problem einfach darin, daß irgendwelche Leute sich an Themen wie dem obengenannten festbeißen. Angenommen, deine Gemeinde stimmt dafür, daß ihr alle schlafen werdet, aber wie sich später herausstellt, hat Gott bestimmt, daß ihr wach seid. Euer Beschluß ändert nichts an Gottes Plan. Wer weiß, vielleicht läßt er auch die »Workaholics« einschlafen und die Faulenzer wach bleiben!

Nicht umsonst schreibt der Apostel Paulus: »Seht zu, daß niemand euch einfange durch Philosophie und leeren Betrug nach der Überlieferung der Menschen, nach den Elementen der Welt und nicht Christus gemäß« (Kolosser 2,8). Er dachte dabei nicht nur an irgendwelche Griechen, die mit glatter Zunge das neueste intellektuelle Bonbon weitergaben. Er wußte, daß die

Christen in der Gefahr standen, sich auf dem Gebiet der Philosophie festzufahren und mit Dingen zu beschweren, die niemand absolut beweisen und noch weniger ändern kann.

Deshalb sollten wir unsere Aufmerksamkeit in erster Linie auf praktische Lehrfragen richten. Die Bibel birgt genug Geheimnisse, um sich ein Leben lang mit ihnen zu beschäftigen, aber sie enthält auch genügend praktische Hausaufgaben für ein ganzes Leben. Der Missionsbefehl Jesu lautete: »Geht nun hin und macht alle Nationen zu Jüngern, indem ihr diese tauft auf den Namen des Vaters und des Sohnes und des Heiligen Geistes, und sie lehrt *alles zu bewahren*, was ich euch geboten habe! Und siehe, ich bin bei euch alle Tage bis zur Vollendung des Zeitalters« (Matthäus 28,19-20). Das ist die Lehre Christi: Geht! Macht zu Jüngern! Tauft sie! Lehrt sie alles zu bewahren, was ich euch geboten habe!

Auch in den Briefen mangelt es nicht an Lehre: »Männer, liebt eure Frauen! Frauen, ordnet euch euren Männern unter! Eltern, reizt eure Kinder nicht zum Zorn! Bürger, gehorcht dem Gesetz! Besucht die Gefangenen! Kümmert euch um die Witwen und Waisen! Nehmt euch der Not der Armen an!«

Mit den Beziehungen fängt es an
Ein wichtiger Grund, weshalb Lehre praktisch sein soll, ist der, daß Frucht daraus entstehen kann. Meinst du, deine Nachbarin kümmert sich darum, ob du an das 1000jährige Reich glaubst oder nicht? Bestimmt nicht! Wenn sie aber sieht, daß du deine persönliche Bequemlichkeit opferst, um anderen zu helfen, und daß deine Kinder gehorsam und diszipliniert sind, wird sie vielleicht auf euch aufmerksam.

Ich glaube, daß alle wichtigen Dinge des Lebens, mit denen wir uns abmühen und auf die wir Antworten suchen – egal, ob wir jung oder alt sind –, unsere Beziehungen betreffen. Jeder von uns hat ständig mit anderen Menschen zu tun – sei es Mann, Frau, Kinder, Schwiegermutter, Chef, Lehrer, Tankwart usw. Wenn man mit einem Wort beschreiben wollte, was durch das Sterben Jesu am Kreuz heil werden sollte, so sind es die Beziehungen. Nachfolgend deshalb ein stark vereinfachter Lehrplan für beziehungsorientierte gesunde Lehre.

Wenn ein Mensch sich zum Herrn bekehrt, sollte seine erste Lektion seine Beziehung zu Gott betreffen. Diese Beziehung war durch die Sünde zerbrochen. Nun ist sie heil geworden, aber das ist nur der Anfang. Der Neubekehrte muß lernen, daß er von Gott angenommen ist, daß ihm vollkommen vergeben wurde, daß Gott sein Vater geworden ist.

Die nächste Lektion geht die Person selber an. Mancher Frau, die Christ geworden ist, fällt es beispielsweise überhaupt nicht schwer, die Vergebung Gottes anzunehmen; aber sich selber kann sie nicht vergeben. Was sie begreifen muß, ist, daß Gott sie nicht aufgrund ihrer Leistung, sondern wegen des Opfertodes Jesu angenommen hat. Wenn sie es nicht lernt, sich selbst zu vergeben, wird sie ständig unter Selbstverdammung leiden und quasi gegen sich selber kämpfen. Sie wird so stark mit ihrer Person beschäftigt sein, daß sie nichts für andere tun kann.

Die dritte Lektion betrifft die nächstengere Beziehung. Bei einem Mann ist das seine Frau. Wenn das Sterben Jesu Grund genug für Gott ist, seine Frau anzunehmen, sollte das bei ihm dann nicht der Fall sein? Er lernt es, mit seiner Frau durch die Gnade zusammenzuleben, nicht aufgrund von Gesetz oder Leistung. Er lernt es, daß er sie lieben muß, wie Christus die Gemeinde geliebt hat, und das bedeutet, daß er etwas Unvollkommenes liebt.

Als nächstes geht es um die Beziehung zwischen Eltern und Kindern. Eltern brauchen Unterweisung, wie sie mit ihren Kindern umzugehen haben, damit sie diese nicht unnötig provozieren. Umgekehrt müssen Kinder lernen, wie sie sich ihren Eltern gegenüber zu verhalten haben.

Das Liebeslabor

Übrigens brauchen nicht nur Kinder Unterweisung über das richtige Verhalten gegenüber ihren Eltern. Früher habe ich den Ältesten unserer Gemeinde Lektionen über das 1000jährige Reich, die große Trübsal und ähnliche Dinge gehalten – bis ich merkte, daß dieser Unterricht im Grunde niemandem nützte.

Deshalb fing ich an zu lehren: »Ehre deinen Vater und deine Mutter.« Jeder Teilnehmer bekam seine Hausaufgaben – irgend etwas Konkretes für seine Eltern zu tun. Ich selbst war davon natürlich nicht ausgenommen.

Da mein Vater bereits tot war, rief ich meine hochbetagte Mutter an und sagte zu ihr: »Mutter, meine Frau und ich möchten dich einladen, uns für ein paar Tage zu besuchen. Eigentlich möchten wir das in Zukunft jeden Monat tun. Und an einem dieser Tage werde ich dein Chauffeur sein und dich den ganzen Tag herumkutschieren, wo immer du hin willst.«

Mutter nahm mein Angebot dankbar an. Da mein Wagen Platz genug für sechs Personen bot, schlug sie vor, wir sollten noch vier ihrer Geschwister mitnehmen. Ich wußte, daß Mutter viele Male mit ihnen über den Glauben gesprochen hatte, aber keiner bis jetzt Christ geworden war. Bevor wir unsere Mitfahrer abholten, legte ich ihr nahe, überhaupt nichts diesbezüglich zu sagen, sondern einfach abzuwarten, was passieren würde.

Sie beschlossen, dorthin zu fahren, wo sie aufgewachsen waren, drei Autostunden entfernt. Sehr bald hieß es übereinstimmend: »Mensch, was hast du für einen prima Sohn! Unsere Kinder würden nie solch einen Ausflug mit uns machen!« Als wir ihr ehemaliges Elternhaus erreichten, wurden viele alte Erinnerungen wach: »Hier hat Mama gearbeitet, hier hat sie mit den Nachbarinnen geplaudert«, und so ging es weiter. Sie lachten und weinten und amüsierten sich köstlich und rechneten es mir hoch an, daß ich ihnen dieses Extravergnügen bereitet hatte. Als sie mich fragten, warum ich etwas täte, wozu kein anderer bereit gewesen sei, erwiderte ich: »Weil Gott gesagt hat, daß wir Vater und Mutter ehren sollen.« Nach unserer Rückkehr am Abend nahmen alle Jesus als ihren Herrn an.

Ich hatte nichts weiter getan, als ein simples biblisches Gebot in die Praxis umzusetzen, und die Frucht blieb nicht aus. Laß dein Licht leuchten! Menschen, die im Dunkeln sitzen, werden zum Licht laufen! Für Jesus war das ein ganz logischer Prozeß: »So soll euer Licht leuchten vor den Menschen, damit sie eure guten Werke sehen und euren Vater, der in den Himmeln ist, verherrlichen« (Matthäus 5,16).

Außerdem sollten wir die Erwachsenen darin unterrichten, wie sie mit ihren Arbeitskollegen umzugehen haben. Da wäre beispielsweise der Hinweis, daß sie, wenn sie am nächsten Morgen ins Büro kommen, bewußt darauf achten sollten, ob jemand Sorgen hat. In einem solchen Fall kann der Christ fragen: »Was ist passiert? Sie sehen so bedrückt aus!«

»Meine Frau ist sehr krank«, erwidert der Angesprochene. »Der Arzt war da und hat gesagt, daß sie im Bett bleiben muß. Wir haben drei Kinder, und ich muß arbeiten. Ich weiß nicht, was ich machen soll.«

Du erklärst dem Kollegen: »Sagen Sie Ihrer Frau, sie soll morgen im Bett bleiben, und meine Frau wird ihr ein warmes Mittagessen bringen. Nach Arbeitsschluß gehen wir beide zu Ihnen nach Hause und kümmern uns gemeinsam um die Wäsche, baden die Kinder und machen das Haus sauber.«

»Sie machen sicher nur Spaß«, meint der Kollege.

»Absolut nicht. Das ist doch ganz normal.«

Natürlich ist so etwas für die Welt alles andere als normal. Früher oder später wird der Arbeitskollege – oder vielleicht ein anderer, der das mitbekommen hat – von dir wissen wollen, warum du so etwas tust. Dann kannst du antworten, daß Gott gesagt hat, man solle seinen Nächsten lieben wie sich selbst. Und daß du »verrückt« genug bist, diese Anweisung wörtlich zu nehmen.

Du gehst also, wie versprochen, mit deinem Kollegen nach Hause, nimmst seiner Frau einen Blumenstrauß und ein Buch mit, erledigst die angefallenen Arbeiten und erwähnst zum Schluß ganz beiläufig, daß am nächsten Tag jemand anders vorbeikommen wird, um auszuhelfen.

»Wollen Sie damit sagen, daß es noch mehr von Ihrer Sorte gibt?« wird er dich fragen.

»O ja, wir sind viele!«

Eine radikale Umsetzung

Wenn man die Betonung auf praktische Umsetzung biblischer Lehre legt, wird man möglicherweise nicht mehr ganz so viel Zeit in Gottesdiensten, Bibelstunden oder im Hauskreis verbringen. Ich mag Hauskreise, aber am liebsten in radikal anderer Form.

Dazu ein Beispiel: Meiner Frau lagen die alleinstehenden Frauen in unserer Gemeinde besonders am Herzen – und zwar nicht nur die Witwen und die Unverheirateten, sondern auch die Frauen, deren Männer nicht mit in die Gemeinde kamen. Sie suchte sich fünf dieser Frauen aus, unterwies sie, und sie halfen ihr, sich um die anderen zu kümmern.

Eine der besagten fünf war eine sehr aktive Frau, die gerne diente. Bei jedem Gottesdienst kam sie mindestens eine Dreiviertelstunde früher, um dafür zu sorgen, daß alles sauber und ordentlich aussah. Und hinterher blieb sie jedesmal länger, um aufzuräumen. Beinahe jeden Abend war sie in der Gemeinde zu finden.

Meine Frau fragte sie, warum ihr Mann kein Christ sei.

»Ich weiß auch nicht«, lautete die Antwort. »Ich predige ihm das laufend und lege ihm auch jeden Tag einen Bibelvers hin, aber es tut sich einfach nichts.«

Martha, meine Frau, wollte wissen, wie lange sie abends von zu Hause fort sei, und erfuhr, daß es gewöhnlich zwischen 6 und 9 Uhr war. Ihr Mann kam ungefähr um die gleiche Zeit von der Arbeit, wenn sie fort mußte, und aß deshalb in der Regel allein zu Abend.

»Ich lasse das Essen auf dem Herd stehen, und wenn er kommt, macht er es sich warm«, erklärte die Frau. »Manchmal schläft er schon, wenn ich heimkomme.«

Meine Frau stellte der lieben Schwester zuallererst eine schwierige Aufgabe: sie solle nicht mehr zur Gemeinde kommen. Vielmehr sei es an der Zeit, 1. Petrus 3,1-2 in die Tat umzusetzen: »Ihr Frauen, ordnet euch den eigenen Männern unter, damit sie, wenn auch einige dem Wort nicht gehorchen, ohne Wort durch den Wandel der Frauen gewonnen werden, indem sie euren in Furcht reinen Wandel angeschaut haben.«

Als die Frau den ersten Abend zu Hause blieb, dachte der Mann, sie sei krank. Am zweiten Abend meinte er, sie müsse Krach mit dem Pastor bekommen haben. Am dritten Abend fragte er vorsichtig, warum sie nicht in die Gemeinde gehe. Sie gab zu, daß der Pastor und seine Frau ihr gesagt hätten, sie solle zu Hause bleiben.

»Ich muß dir bekennen, daß ich all diese Jahre hindurch eine schlechte Ehefrau gewesen bin. Ich habe dich ständig allein gelassen, um in die Gemeinde zu gehen. Von jetzt an werde ich nur noch einmal in der Woche hingehen, und wir sollten gemeinsam entscheiden, an welchem Tag das ist.« Augenblicklich wurde das Verhältnis zwischen den beiden ein anderes. Der Mann fing sogar an, seine Frau zur Gemeinde zu bringen, obwohl er selbst nie mit hineinging.

Die Frau nahm auch weiterhin an den Treffen mit Martha teil. Meine Frau versuchte ihr beizubringen, wie sie andere Mahlzeiten kochen, den Tisch anders decken und sich im Bett verhalten solle – kurz, sie sprachen über alles und jedes.

Nach einigen Wochen sagte der Mann zu seiner Frau: »Ich kenne dich nicht wieder, du bist ganz anders geworden. Was ist passiert?«

»Ach, da muß ich dir noch eine Kleinigkeit bekennen«, erwiderte die Frau. »Ich gehe zwar abends nicht mehr in die Gemeinde, aber einmal in der Woche, während du auf der Arbeit bist, treffen sich einige von uns mit der Frau des Pastors, und sie bringt uns bei, wie man eine gute Ehefrau wird.«

»Gibt es bei euch auch eine Gruppe, die einem beibringt, ein guter Ehemann zu sein?« wollte er wissen.

Drei Monate später wurde er getauft. Was diese Frau in dreißig Ehejahren durch alles Reden nicht geschafft hatte, war ihr nun in wenigen Monaten allein durch ihr Verhalten gelungen.

Da, wo christliche Liebe praktiziert wird, führt das niemals zur Trennung zwischen Menschen. Im Gegenteil, es bringt Menschen zusammen. Es bewirkt Heilung, wo keine Medizin helfen kann. Was gewöhnlich Spannungen und Trennung zur Folge hat, ist christliche Philosophie, wie wir im folgenden Kapitel sehen werden.

18 Teilen und vermehren

Als meine vier Kinder noch klein waren, mußte ich die verschiedensten Funktionen für sie übernehmen, obwohl ich nur ein und derselbe Papa war. Ein Kind war zum Beispiel recht intelligent, ein anderes mehr handwerklich begabt.

Wenn ich von der Arbeit nach Hause kam, sagte David z. B.: »Papa, laß uns Tennis spielen.« Das taten wir dann auch. Oder ein Töchterchen bettelte: »Ich möchte Pferdchen spielen.« Also kroch ich auf allen vielen und ließ sie auf mir reiten wie auf einem Pferd. Es machte mir nichts aus, von einer Funktion zur nächsten umzuschalten, weil ich ja der Vater aller meiner Kinder war.

Sobald die Geschwister jedoch miteinander spielen sollten, sah die Sache ganz anders aus. Davids jüngere Schwester wollte z. B. auch gerne einmal bei unserem Tennisspiel mitmachen. Aber da kam sie schlecht an!

»Mach, daß du fortkommst!« fuhr David sie an. »Du kannst ja überhaupt nicht spielen. Du schlägst immer daneben.«

Natürlich beschwerte sich die Kleine bei mir, und ich versuchte, meinen Sohn zu überzeugen, daß er sie mitspielen lassen solle.

»Nein!« hieß es da kategorisch. »Sie macht uns das ganze Spiel kaputt.«

Und so ging es ständig. Wir waren eine große, glückliche Familie – solange wir nicht versuchten, etwas gemeinsam zu tun.

Wie gut, daß Gott unser aller Vater ist. Er kann mit den Presbyterianern Pferdchen spielen und mit den Lutheranern Tennis. Und beide sind hinterher ganz zufrieden, weil sie wissen, daß sie mit Gott Gemeinschaft hatten.

Leider möchte Gott aber auch, daß die verschiedenen Denominationen miteinander klarkommen, wenn sie zusammen »spielen« wollen. Viele dieser »Spiele« enden mit einem handfesten Krach, andere werden nicht einmal begonnen.

Ich habe in diesem Buch beschrieben, wie nahe uns Gott ist, ja, daß er tatsächlich in uns lebt. Er möchte beständig Gemeinschaft mit uns haben und sehnt sich danach, daß wir diese wachsende Gemeinschaft in die Welt hinausfließen lassen, indem wir nach seinem Wort handeln. Nur wenn die Gemeinde Jesu sich als eine Gruppe von Menschen erweist, die das Leben Christi in sich tragen, wird die Einheit zustande kommen, die dem Wunsch Jesu für seine Braut entspricht.

In eins vollendet

Was meine Kinder ebenfalls sehr häufig taten, als sie noch klein waren, war, bestimmte Gebete laut zu sprechen, wenn sie wußten, daß ich mich in Hörweite befand.

»O Herr, du weißt, wie gern wir nach Disneyland fahren möchten«, flehten sie beispielsweise.

Ich glaube, so ähnlich ist es Jesus am Vorabend seiner Kreuzigung gegangen. Er, der vorher gelehrt hatte, man solle am besten im »Kämmerlein« beten, betete diesmal laut, und der Heilige Geist sorgte dafür, daß seine Worte für die Nachwelt aufbewahrt wurden, indem er sie in die Heilige Schrift integrierte.

> »Aber nicht für diese allein bitte ich, sondern auch für die, welche durch ihr Wort an mich glauben, damit sie alle eins seien, wie du, Vater, in mir und ich in dir, daß auch *sie* in uns eins seien, damit die Welt glaube, daß du mich gesandt hast. Und die Herrlichkeit, die du mir gegeben hast, habe ich ihnen gegeben, daß sie eins seien, wie *wir* eins sind –

ich in ihnen und du in mir –, daß sie in eins vollendet seien.« *Johannes 17,20-23*

Da Jesus dieses Gebet unmittelbar vor seinem Tod sprach, verkörpert es so etwas wie seinen letzten Willen oder sein Testament. Der Befehl zur Einheit ist unbestreitbar. Deshalb hat auch keine Denomination oder Kirche das Recht, ihre eigenen Regeln, Sitten und Gebräuche oder ihre Maßstäbe als Inbegriff des Christenlebens zu betrachten. Daß wir alle eins sein sollen, steht wesentlich klarer geschrieben als jedes »Du sollst nicht rauchen« oder »Du sollst keinen Wein trinken« oder »Du sollst durch Untertauchen taufen«.

Schon die Tatsache an sich, daß es verschiedene Denominationen gibt, stellt ein Abweichen vom biblischen Muster dar. Weder Methodisten noch Anglikaner oder Baptisten werden in der Bibel erwähnt. Das einzige, was das Wort Gottes über die Struktur der Gemeinde Jesu aussagt, ist, daß sie sowohl universal als auch lokal ist. Universal ist sie in dem Sinne, daß sie auf der ganzen Welt vertreten und praktisch überall gleich ist – nämlich auf Jesus ausgerichtet. Die Lokalgemeinde ist die Verkörperung der Universalgemeinde an einem bestimmten Ort. Die dritte Dimension, nämlich die verschiedenen Denominationen, wurde von uns Menschen erfunden, und zwar wegen unserer Unfähigkeit, miteinander auszukommen.

Lange Trennung

Denominationen haben zu Trennung und Spaltung geführt. Ich übertreibe nicht, wenn ich behaupte, daß Trennung in der Gemeinde Jesu Sünde ist. Es gibt nur einen Gott, und wir haben keinen Grund anzunehmen, daß er mehr als nur eine Gemeinde haben wollte.

Ich gehe noch einen Schritt weiter: Es ist eine Schmeichelei, zu sagen, daß die Gemeinde Jesu geteilt ist. Man kann eine Zahl, die größer ist als 1, dividieren, um eine andere ganze Zahl zu erhalten, beispielsweise 10:5=2. Aber aus einer Einheit, einer 1, läßt sich eben nicht mehr als *eine* ganze Zahl machen. Man kann sie lediglich in Bruchstücke zerteilen. Das bedeutet, auf uns Christen übertragen, daß die Gemeinde Jesu zerbrochen ist.

Wir kennen alle die Geschichte mit den zwei Babys, durch die Salomo berühmt wurde. Zwei Frauen schliefen zusammen mit ihren Neugeborenen in einem Zimmer. Eine der beiden erdrückte im Schlaf versehentlich ihr Kind. Dann tauschte sie das tote Baby unbemerkt gegen das der anderen Frau, und am nächsten Tag stritten sich beide vor dem König Salomo darüber, wer nun die richtige Mutter des lebendigen Kindes sei. »Wenn ihr euch nicht einigen könnt«, sagte der König, »werden wir es einfach zerteilen, und ihr bekommt jeder eine Hälfte.«

»Ja, das ist gut«, meinte die falsche Mutter.

»Auf gar keinen Fall!« widersprach die richtige, »lieber soll *sie* es ganz haben.«

Salomo wußte augenblicklich, wer die richtige Mutter war, nämlich diejenige, die bereit war, alle selbstsüchtigen Forderungen zum Wohle ihres Kindes aufzugeben. Ihre Interessen gingen weit über die eigene Person hinaus.

Heutzutage gibt es viele Christen, die sehr schnell sagen: »Wir können in dieser oder jener Frage nicht übereinstimmen. Es ist besser, wenn wir uns trennen.« Gott dagegen möchte, daß wir von der entgegengesetzten Perspektive ausgehen: »Bitte, Herr, gib alles der anderen Partei – nur laß deine Gemeinde sich nicht spalten!«

Ich sage nicht, daß einer seinen Glauben an die Menschwerdung Jesu, die Jungfrauengeburt oder den Tod und die Auferstehung unseres Herrn aufgeben soll. Aber ein Großteil unserer Differenzen betrifft nicht das Zentrum unseres Glaubens, sondern Dinge, die nicht heilsentscheidend sind: Kindertaufe, das Trinken von Wein oder das Zungenreden zum Beispiel.

Wenn wir daher gegen eine andere Kirche oder Denomination wettern, schaden wir uns im Grunde selbst, denn wir gehören alle zu ein und demselben Leib. Es kann durchaus passieren, daß die Zähne versehentlich auf die Zunge beißen, aber deshalb verlangt die Zunge trotzdem nicht, die Zähne sollten den Körper verlassen. Nein, die Zunge vergibt den Zähnen, weil sie alle zu ein und demselben Körper gehören. Man kann sich zwar seine Freunde aussuchen, nicht aber die Brüder und Schwestern, die zur Familie gehören. Mit ihnen hängt man untrennbar zusammen. Das gleiche gilt für unsere Brüder und Schwestern in Christus.

Obwohl ich hier stark idealistische Aussagen in bezug auf die Denominationen gemacht habe, bin ich doch Realist genug, um zu wissen, daß es nicht möglich ist, die Unterschiede zwischen den einzelnen Konfessionen auszuradieren. Gott könnte das vielleicht, aber kein Mensch. Wann immer jemand versucht, eine Denomination aufzulösen oder grundlegend zu verändern, gründet er gewöhnlich eine neue.

Ich für mein Teil habe mich dafür entschieden, die Unterschiede zwischen den verschiedenen Kirchen und Gemeinden einfach zu ignorieren. Obwohl ich zu einer bestimmten Denomination gehöre, fühle ich mich auch in allen anderen zu Hause. Wenn es bei den Katholiken vorwärtsgeht, sage ich: »Halleluja! Bei *uns* geht es vorwärts!« Wenn die Baptisten an der nächsten Ecke ein neues Gemeindehaus errichten, sage ich: »*Wir* haben ein neues Gebäude, Preis dem Herrn!«

Wenn ich in einer lauten Gemeinde bin, stehe ich wie alle anderen auf und klatsche mit. Befinde ich mich in einem Gottesdienst der Episkopalkirche, akzeptiere ich den schwarzen Talar mit dem entsprechenden Zubehör und nehme freudig an der feierlichen Zeremonie teil. Wenn die Leute in einer charismatischen Versammlung anfangen zu tanzen, gebe ich mir Mühe, meine Beine ebenfalls in Bewegung zu setzen. Es geht mir wie dem Apostel Paulus, der schrieb: »Ich bin allen alles geworden« (1. Korinther 9,22).

Auch du kannst dir vornehmen, die Unterschiede zu ignorieren. Es kommt ganz allein auf dich und deine Herzenshaltung an. Alle christlichen Kirchen und Gemeinden sagen, daß sie Christus liebhaben, und jede von ihnen kann auf den Segen Gottes auf ihrer Arbeit verweisen. Wie könnte da irgend jemand behaupten, daß er allein recht habe? Gott ist ein Vater, und er hat alle seine Kinder lieb.

Bestimmt fallen uns viele Ausreden ein, nur um das Gebot Jesu, uns untereinander zu lieben, nicht halten zu müssen. »Sie benehmen sich aber nicht so, als wären sie bekehrt!« Nun, die Bibel sagt auch, daß wir unseren *Nächsten* lieben sollen. »Sie sind aber meine Feinde!« Selbst die *Feinde* sollen wir nach den Worten Jesu lieben. Wer sich für die Liebe entscheidet, geht nie verkehrt.

Gerechtigkeit ist schwer zu definieren

Fällt es uns schwer, Christen anderer Denominationen aufgrund ihrer Dogmatik zu lieben? Wenn ja, sollten wir einmal ehrlich zu uns selber sein. Wie können wir die Lehren unserer Kirche oder Gemeinde für besser halten als andere? Wenn uns wirklich daran gelegen ist, an dem erhabenen Weg christlichen Denkens und Verhaltens festzuhalten – was macht uns so sicher, daß ausgerechnet unsere Gemeindelehre die richtige ist? Ehe wir uns ein abschließendes Urteil darüber erlauben, müßten wir zumindest an den theologischen Seminaren aller anderen Denominationen studiert haben.

Natürlich ist so etwas praktisch nicht durchführbar, und das ist auch gut so. Gott hat noch nie einen Menschen zu lebenslanger Freiheitsstrafe in Seminaren verurteilt! Die Erlösung kann nicht davon abhängen, ob einer die richtige Dogmatik besitzt oder nicht. *Heilsentscheidend ist vielmehr, daß man die richtige Person kennt.*

Wenn man sieht, wie sich Gemeinden aufgrund von Lehrmeinungen entzweien, könnte man allerdings daran zweifeln. Man sollte eher meinen, bei unserer Ankunft an der Himmelstür werde Petrus sagen: »Augenblick mal! Zuerst mußt du den Dogmatiktest bestehen.«

Mit diesen Worten überreicht er dir Papier und Bleistift.

»Dies hier ist unsere grundsätzliche Lehrprüfung, bestehend aus zehn Fragen«, erklärt er dir. »Wenn du sieben oder mehr davon richtig beantworten kannst, kommst du sofort in den Himmel. Bei vier bis sechs richtigen Antworten mußt du für dreihundert Jahre ins Fegefeuer und erhältst dort zusätzlichen Unterricht über Dogmatik. Bei weniger als drei richtigen Antworten – mach dich auf unangenehme Hitze gefaßt!«

Nervös nimmst du Papier und Bleistift entgegen und überfliegst schnell die erste Frage.

»An was für eine Taufe glaubst du?
durch: ___ Untertauchen, ___ Abwaschen, ___ Besprengen;
als: ___ Erwachsener, ___ Säugling oder ___ sonstiges.«

Du weißt natürlich, welche Taufform in deiner Gemeinde praktiziert wurde, aber jetzt fragst du dich doch, ob die richtige Antwort nicht anders lauten könnte. Also überspringst du zunächst diese Frage und liest statt dessen Frage Nr. 2:

»Glaubst du, daß die Entrückung ___ vor dem 1000jährigen Reich, ___ nach dem 1000jährigen Reich oder ___ anderweitig stattfindet?«

Nun, ganz bestimmt wird es so nicht zugehen. Du brauchst keinen Aufnahmetest in bezug auf Lehrfragen zu absolvieren, um in den Himmel zu kommen. Statt dessen wird Petrus höchstens deinen Puls fühlen, denn wer den Sohn hat, hat das Leben. Wenn Petrus überhaupt mit irgendwelchen Instrumenten ausgerüstet ist, dann vermutlich mit einem Stethoskop. Dieses wird er auf dein Herz ansetzen und sagen: »Ich höre ein gleichmäßiges, starkes Klopfen der Liebe, Freude und des Friedens. Komm herein!«

Auch wenn du ihm versicherst, daß du alle richtigen Glaubensüberzeugungen besessen, bei keinem Gottesdienst gefehlt und überhaupt so gelebt und gehandelt hast, wie es in deiner Denomination als ideal angesehen wurde, so wird das wenig bedeuten.

> »Wenn ich mit Menschen- und Engelszungen rede, aber keine Liebe habe … Und wenn ich Weissagung habe und alle Geheimnisse und alle Erkenntnis weiß und wenn ich allen Glauben habe, so daß ich Berge versetze, aber keine Liebe habe, so bin ich nichts. Und wenn ich alle meine Habe zur Speisung der Armen austeile und wenn ich meinen Leib hingebe, damit ich verbrannt werde, aber keine Liebe habe, so nützt es mir nichts.« *1. Korinther 13, 1-3*

»Nichts« bedeutet eben nichts. Selbst der größte religiöse Einsatz kann absolut nichts nützen, wenn man nicht aufpaßt. Wie viele von uns werden sich wundern, wenn wir in den Himmel kommen? Unser Leben lang sind wir eifrig zur Kirche gegangen, haben für unser Lehrexamen gebüffelt – und jetzt hat Petrus nichts anderes zu tun, als sein Stethoskop auszupacken! Laß dein geistliches Leben nicht auf ein Nebengleis von Lehrmeinungen, die nur zur Spaltung führen, abschieben.

Zum Abschluß dieses Buches wollen wir uns im nächsten Kapitel nochmals mit Lehrauffassungen und daraus folgenden Trennungen beschäftigen und sehen, welche konkreten Schritte wir unternehmen können, damit die durch unsere Sünde verursachten Probleme gelöst werden.

19 | *Frieden ist möglich*

Mein Vater starb, als ich noch ein Junge war, und so mußte meine Mutter uns fünf Kinder allein aufziehen. Überraschend bot sich uns die Möglichkeit, ein Haus zu kaufen – noch dazu ein recht schönes und zu einem angemessenen Preis.

Nachdem wir eingezogen waren, merkten wir erst, warum es so günstig gewesen war. In unserer Begeisterung hatten wir gar nicht bemerkt, daß es direkt an der Bahnstrecke lag. Mehrmals pro Stunde kamen wir in den Genuß eines lauten »Huuu! Huuu! Tschugga – tschugga – tschugga. Huuu! Huuu!«

In den ersten Tagen konnten wir kaum schlafen und waren dementsprechend verstört und nervös, was zu ständigen Streitereien führte. Doch nach einigen Wochen passierte etwas Merkwürdiges – wir hatten uns so an den Krach gewöhnt, daß wir süß und selig schliefen! Unsere Besucher wurden natürlich im Schlaf gestört, aber das war ja ein vorübergehendes Problem.

Einige Jahre später traten die Eisenbahner in einen befristeten Streik, so daß mehrere Tage lang kein Zug fuhr. Und siehe da, wir konnten nicht mehr schlafen! Wir hatten uns so an den Lärm gewöhnt, daß wir ohne ihn nicht mehr auskommen konnten. Natürlich glaube ich nicht, daß der Krach deswegen weniger schädlich war.

Wußtest du schon, daß manche Menschen, genau wie Züge, ganz schön viel Krach machen können? Ich meine nicht die Leute mit einer lauten Stimme, sondern solche, die mit Dingen beschäftigt sind, die aufdringlich, ja, »laut« wirken, weil sie nicht notwendig sind. Paulus schreibt, daß ein Christ ohne Liebe einem tönenden Erz oder einer schallenden Zimbel gleicht (siehe 1. Korinther 13,1). Spaltungen in der Gemeinde Jesu – wegen einer bestimmten Lehrmeinung, oder auch zwischen den verschiedenen Denominationen – entstehen gewöhnlich aufgrund von mangelnder Liebe. Selbst wenn wir uns daran gewöhnt haben, heißt das noch längst nicht, daß sie Gott gefallen.

Es ist so, als wenn ein Mann sich deiner Gemeinde anschließt und du nach kurzer Zeit feststellst, daß er seit Jahren mit zehn Frauen zusammenlebt. Du nimmst ihn beiseite und erklärst ihm liebevoll: »Hör zu, Bruder, wenn du Jesus wirklich nachfolgen willst, muß sich das ändern. Du kannst nur eine Frau haben.«

»Unsinn«, meint der Mann, »das mache ich doch schon jahrelang. Wir haben uns alle daran gewöhnt. Du erwartest doch gewiß nicht, daß ich mich jetzt noch umstelle.«

Keiner von uns kann sich an die Zeit erinnern, in der es keine Spaltung in der Gemeinde Jesu gab. Wir können das Rad der Geschichte nicht zurückdrehen bis zum Jahr 33 n. Chr. und versuchen, jeden Scheidepunkt in der Kirchengeschichte rückgängig zu machen. Aber es gibt gewisse Schritte, die wir unternehmen können, damit es weniger Trennungen gibt.

Barrieren niederreißen

Erstens müssen wir erkennen, daß keine Meinungsverschiedenheit so groß ist, daß sie nicht beigelegt werden könnte. Wie stark auch die Auseinandersetzung wegen einer bestimmten Lehrmeinung sein mag oder wie heftig der Tadel in deiner oder einer anderen Gemeinde diesbezüglich ausfällt, Frieden ist möglich! Bestimmt wird es nicht ohne die Hilfe Gottes abgehen, aber er ist jederzeit dazu bereit.

Sehen wir uns die Urgemeinde an. Zwei besonders herausragende Gruppen von Christen, die in der Apostelgeschichte erwähnt werden, befanden sich in Jerusalem und Antiochien. Die Gemeinde in Jerusalem war stark jüdisch geprägt. Sie hielten ihre Gottesdienste im Tempel ab, gaben den Zehnten und brachten Opfer. Jeder neugeborene Junge wurde beschnitten. Sie beachteten die jüdischen Feste und hielten das Mosaische Gesetz. Sie glaubten zwar an Christus, versuchten aber weiterhin, perfekte Juden zu sein. Da der Messias von ihren Propheten vorhergesagt worden und Jesus als Jude auf die Erde gekommen war, stand für sie fest, daß sie vor Gott nach wie vor das auserwählte Volk und ihre Religion die vor ihm wohlgefällige war – ohne jegliche Abstriche.

In Antiochien sah die Sache ganz anders aus. Nachdem es Gott endlich gelungen war, die Aufmerksamkeit von Petrus durch eine Vision, einen göttlich inspirierten Besuch von Kornelius' Männern und die Ausgießung des Heiligen Geistes auf Heiden zu gewinnen, ging dem Apostel ein Licht auf und er begriff, daß der Befehl Jesu wortwörtlich zu nehmen war, nämlich hinzugehen und das Evangelium in *aller* Welt zu predigen. Da blieb nicht mehr viel von dem Alleinanspruch der Auserwählung übrig.

Die Gemeinde in Antiochien fing mit Heiden an. Diese wußten wenig oder nichts über das Gesetz Mose, die Propheten und überhaupt die jüdische Kultur. Es genügte ihnen, Jesus zu kennen und zu wissen, daß er für sie am Kreuz gestorben war.

Solange Antiochien und Jerusalem schön weit auseinander lagen und es keine Fernsehübertragung der Sonntagmorgengottesdienste aus der »Ersten Christengemeinde Antiochiens« gab, die die Juden in Jerusalem sehen konnten, war alles in Ordnung. Schwierig wurde es erst, als ein cleverer Reiseveranstalter eine Tour für etliche jüdische Brüder nach Antiochien organisierte.

Ich kann mir vorstellen, welch große Freude unter den Christen in Antiochien herrschte, als ihre Gäste endlich eintrafen. Man begrüßte und umarmte sich herzlich. Man sang, pries gemeinsam den Herrn und tauschte sich über die Güte Gottes aus.

Als der Gottesdienst vorbei war, ergriff Paulus das Wort: »Es geht nicht an, daß wir unsere lieben Brüder zum Übernachten ins Hotel schicken. Ich meine, jeder von uns sollte einen Gast mit nach Hause nehmen und Gastfreundschaft an ihm üben.« Alle waren einverstanden.

Zu Hause angekommen, fragte ein Gastgeber seinen Besuch aus Jerusalem: »Was hättest du denn gern morgen zum Frühstück? Vielleicht Rührei mit Schinken?«

»Wie – hast du tatsächlich ›Schinken‹ gesagt?«

»Ja, natürlich«, lautete die Antwort. »Warum fragst du?«

»Aber das ist doch unrein«, erklärte der Besucher stirnrunzelnd.

»Nein, nein, bei uns in der Küche ist es ganz sauber. Das Gesundheitsamt schickt jeden Monat jemand zur Überwachung. Komm, sieh selbst!«

»Du verstehst mich nicht. Mose hat uns verboten, Schweinefleisch zu essen.«

»Mose?« meinte der Gastgeber fragend. »Was ist das für ein Prediger? Der ist bis jetzt noch nicht hier aufgetaucht.«

Der Jude faßte sich an den Kopf und starrte entgeistert auf die Tischplatte, wobei er etwas auf Hebräisch vor sich hinmurmelte. Mit was für einem Hinterwäldler hatte er es denn hier zu tun?

»Du willst doch nicht etwa sagen – vermutlich wißt ihr in Antiochien nicht einmal etwas von Beschneidung!«

»Ach so, du möchtest Beschneidung zum Frühstück. Das hat es zwar bei uns noch nie gegeben, aber ich werde gleich im Delikatessengeschäft nachfragen, ob sie so etwas auf Lager haben. Kein Problem.«

»Beschneidung ißt man nicht zum Frühstück! Abraham hat Isaak beschnitten.«

»Abraham? Isaak? Tut mir leid, aber diese beiden Prediger waren auch noch nicht hier. Ja, ihr in Jerusalem habt natürlich alle ›großen Tiere‹ bei euch. Zu uns hier nach Norden kommt kaum jemand. Wir kennen nur Paulus und Barnabas.«

Ich denke, wir verstehen: zwei sehr, *sehr* verschiedene christliche Kulturen. Nach unserem heutigen Muster wären wir nicht überrascht gewesen, wenn man umgehend zwei Denominationen gebildet und nie wieder miteinander gesprochen hätte. Doch die Sache lief ganz anders.

Paulus und einige andere reisten nach Jerusalem, um sich mit den Ältesten der dortigen Gemeinde zu beraten. An diesem Punkt war alles offen: Man hätte die Gruppe aus Antiochien in Bausch und Bogen als Irrlehre abweisen können. Man hätte die

Gemeinde dort widerwillig als erste neue (selbstverständlich minderwertige) Denomination anerkennen können. Oder man hätte einige Schriftrollen des Gesetzes und der Propheten plus einen 324-Wochen-Bibelstudienkurs dorthin schicken können, verbunden mit der strikten Anweisung, sich entweder der Norm zu beugen oder auszusteigen. All dies wären menschlich ersonnene Lösungsmodelle gewesen.

Statt dessen ließ man sich von Gott leiten, der auch hier gegenwärtig war. Nicht nur, daß die Anwesenden mit einem Herzen voller Liebe Petrus und den anderen zuhörten, die von dem Neuen, das Gott angefangen hatte zu tun, berichteten; zu guter Letzt verkündete man auch: »Es hat dem Heiligen Geist und uns gut geschienen, keine größere Last auf euch zu legen als diese notwendigen Stücke« (Apostelgeschichte 15,28). Darauf folgten ein paar einfache Verhaltensregeln, und die Sache war erledigt.

Wenn die geistlichen Leiter damals eine solch breite Kluft überbrücken konnten, warum gelingt uns das nicht einmal bei den wesentlich kleineren?

Opferbereitschaft

Die Tatsache, daß wir in einer religiösen Welt mit den unterschiedlichsten Denominationen leben und uns an das Rattern der Züge und den Schall der Zimbeln in unseren Herzen gewöhnt haben, ist noch längst keine plausible Ausrede. Trennung und Spaltung in der Gemeinde Jesu ist Sünde. Wie können wir den Ehebrecher zurechtweisen und gleichzeitig eine solche Sünde in unserer Mitte dulden? Wir sind genauso fleischlich wie er, denn die Wurzel der Trennung ist ein fleischlicher Egoismus. Wir können uns einfach nicht vorstellen, daß unsere eigene reizende Gemeinde sich irren könnte, und verurteilen deshalb automatisch alle, die anderer Meinung sind als wir.

Was ich hier sage, sind nicht bloß die Beobachtungen eines Mannes, dessen Hobby die Gemeinde ist. Als mir klar wurde, wie Gott die Trennung unter Christen sieht und wie sehr auch ich mich dieser Sünde schuldig gemacht hatte, meldete ich mich für zwei Wochen in einem Trappistenkloster an, um Zeit zum Fasten und Beten zu haben. Die Trappisten legen ein Schweigegelübde ab, von dem nur die Meßgottesdienste ausgenommen sind. So kam ich dort nicht nur ausgiebig zum Beten, sondern hielt zur Abwechslung auch einmal den Mund – und das war gut so, weil Gott mit mir reden wollte.

Eines Tages, als ich ganz allein in der riesigen Kapelle war, wirkte der Heilige Geist besonders stark an meinem Herzen. Ich ging nach vorn zum Altar und legte mich der Länge nach obendrauf.

»Herr«, betete ich, »ich gebe mich selbst als lebendiges Opfer für die Einheit deiner Gemeinde hin. Von heute an will ich mir selber, meiner Denomination und jedem 'Ismus, der mir so wichtig war, absterben und wirklich für die Einheit deiner Kinder leben. Aus diesem meinem Mund soll in Zukunft kein negatives Wort mehr gegen irgendeine Kirche oder Gemeinschaft kommen. Statt dessen will ich versuchen, eine Brückenfunktion zu übernehmen. Ich möchte mit dazu beitragen, daß die Einheit deines Leibes vorangetrieben wird.«

Bis hierhin war es ja noch verhältnismäßig einfach. Dann aber hieß es, heimzufahren und konkrete Schritte zu unternehmen. Zunächst lehrte ich vier oder fünf Monate lang in meiner Gemeinde, die inzwischen auf ca. 1500 Personen angewachsen war, über das Thema Einheit. Zum Schluß fragte ich: »Wie viele von euch glauben, daß die Gemeinde Jesu eins ist?«

Viele Hände gingen hoch.

»Hände runter!« befahl ich. »Wie viele von euch glauben *wirklich*, daß die Gemeinde Jesu eins ist?«

Noch mehr Hände gingen hoch.

»Wie viele von euch sind bereit, den Beweis dafür zu liefern, indem ihr mit eurem eigenen Leben ein Zeichen setzt?«

Wieder erhoben sich zahlreiche Hände.

»Also gut. Wenn das so ist, geht bitte am nächsten Sonntag in die Kirche, die eurer Wohnung am nächsten ist, egal, ob es sich um eine katholische, lutherische oder presbyterianische Kirche handelt. Was ihr normalerweise fürs Benzin oder für den Bus braucht, um in den Gottesdienst zu kommen, gebt in die Kollekte jener Kirche. Nur diejenigen, für die diese Gemeinde die nächstgelegene ist, sollen hierher kommen.«

Schweigen. Die Leute waren offensichtlich nicht bereit, diese Herausforderung anzunehmen. Aber ein Drittel der Anwesenden gehorchte.

Im Lauf der Zeit gaben wir 200 Personen an die katholische Kirche ab, 53 an eine anglikanische und etliche weitere an noch andere Gemeinden. Daraus ist sehr viel Gutes entstanden; u. a. wurde ich in die verschiedensten Denominationen zum Predigen eingeladen. Beispielsweise durfte ich an einer Missionskonferenz der englischen Hochkirche in England dienen. Auch bei der Ordination eines Bischofs der Episkopalkirche in Südamerika konnte ich als Gastredner dabeisein.

Ich gebe dies nicht als Muster für Gemeindewachstum weiter. Aber ich möchte meinen Lesern bewußt machen, wie schwerwiegend Trennung in der Gemeinde Jesu wirklich ist. Es war das aufrichtige Herzensverlangen Jesu, als er den Vater bat, »daß sie alle eins seien«. Wenn das sein letzter Wille war, sollten wir uns nicht mit weniger zufriedengeben.

Positive Schritte unternehmen

Man kann jedoch noch mehr unternehmen, um zu einer größeren Einheit im Leib Jesu beizutragen. Das erste, was wir gesehen haben, ist, daß kein Unterschied zu groß sein kann, um nicht überwunden zu werden.

Ein weiterer wichtiger Grundsatz lautet, *nie etwas Negatives über eine Kirche oder Gemeinde zu sagen.* »Aber sie liegen in diesem Punkt doch so total verkehrt!« Mag sein, aber auch in deiner Gemeinde ist dieses oder jenes nicht in Ordnung, du hast es bloß noch nicht gemerkt. Denk an die Ermahnung Jesu, den Balken aus dem eigenen Auge zu ziehen, ehe du dich um den Splitter im Auge eines anderen bemühst. Eine Möglichkeit, mit den Unterschieden zwischen den Kirchen bzw. Denominationen umzugehen, ist die Erkenntnis, daß es sich nicht in erster Linie darum handelt, was der eine richtig und der andere falsch macht, sondern darum, daß es bei uns allen irgendwelche Dinge gibt, die nicht richtig sind.

Der dritte wichtige Punkt ist die *Vergebung.* Du meinst, in den Gottesdiensten der Episkopalkirche sei es zu kalt? Vielleicht hast du recht, vielleicht auch nicht – vergib ihnen einfach! Du stellst fest, daß die Pfingstler zu viel herumspringen? Vergib ihnen! Bei deinem nächsten Besuch in der Episkopalkirche kannst du ja einen Mantel mitnehmen und zum Gottesdienst bei den Pfingstlern luftiger bekleidet sein. Aber du solltest sie auf keinen Fall verurteilen.

Wenn Gott uns nur auf der Grundlage unserer Leistung oder unserer Befolgung von religiösen Riten und Gesetzen annehmen würde, würden wir alle mit Pauken und Trompeten durchfallen. Deswegen haben wir auch keinen Grund, uns gegenseitig negativ zu beurteilen, am allerwenigsten aufgrund unseres eigenen mangelhaften Verständnisses von Richtig oder Falsch.

Ich glaube, daß Gott heute an der Arbeit ist, sein Volk umzugruppieren. Vielleicht sollte ich sagen, er möchte sie »entgruppieren«.

Stellen wir uns einen Mann vor, der seine Milchviehfarm verkaufen will. Ein potentieller Käufer kommt vorbei, um sich die Sache anzuschauen, und ihm fällt etwas Merkwürdiges auf – die Kühe sind in sechs oder acht verschiedene Gruppen eingeteilt. Er erkundigt sich nach dem Grund.

»Oh, wir sind sehr gut organisiert«, gibt der Farmer bereitwillig Auskunft. »Die Kühe in dieser Gruppe haben kürzere Beine.«

»Ich verstehe. Aber die in der Gruppe dort drüben haben doch auch kurze Beine.«

»Das stimmt, aber ihre Schwänze sind länger«, erwidert der Farmer.

»Aha. Aber was ist mit jener Gruppe dort? Soweit ich sehe, haben sie ebenfalls kurze Beine und lange Schwänze. Warum sind sie separat?«

»Weil sie längere Hörner haben.«

»Ja, natürlich. Aber die dort drüben haben kurze Beine, lange Schwänze und lange Hörner. Weshalb sind sie für sich?«

»Weil sie weiß sind«, lautet die Antwort.

Die Trennungen zwischen uns sind genauso dumm wie die des Farmers. Wenn wir sterben, wird es nur zwei verschiedene Gruppen geben: Christen, die sich gegenseitig liebhatten, und solche, bei denen das nicht der Fall war. Anders ausgedrückt: die Schafe und die Böcke. Gott wird keine lange Checkliste von koscheren und nicht-koscheren Gruppen haben. Ihn interessiert nur, wer ihn angenommen und seine Liebe mit anderen geteilt hat. »Denn mich hungerte, und ihr gabt mir zu essen; mich dürstete, und ihr gabt mir zu trinken; ich war Fremdling, und ihr nahmt mich auf; nackt, und ihr bekleidetet mich; ich war krank, und ihr besuchtet mich; ich war im Gefängnis, und ihr kamt zu mir« (Matthäus 25,35-36). Wenn es überhaupt einen Maßstab gibt, nach dem Gott sich richtet, dann diesen. »Wir wissen, daß wir aus dem Tod in das Leben hinübergegangen sind, weil wir die Brüder lieben« (1. Johannes 3,14).

Selbst die besten Begründungen für Trennungen im Leib Christi sind in den Ohren Gottes nichts weiter als schallende Zimbeln. Das mindeste, was wir tun können – und auch das Größte –, ist, die Brüder zu lieben und auch die Menschen dieser Welt, die die Liebe Gottes so dringend aus erster Hand erleben müssen. Unsere fleischliche Natur sträubt sich dagegen und möchte jeden Versuch im Keim ersticken. Das ist der Grund, warum Gott sein eigenes Leben in uns hineingegeben hat. Dieses göttliche Leben bleibt beständig in uns – Tag für Tag, Stunde um Stunde, im Gottesdienst und außerhalb.

Ganz gleich, was uns in dieser Welt passieren mag, Gott ist alles, was wir brauchen. Er hat verheißen, uns nie allein zu lassen. Wenn wir uns seiner Gegenwart ausliefern, werden wir echte Freude und wahren Frieden erleben, denn das tägliche Leben mit Jesus Christus ist voller Abenteuer. Er ist Gott, und er lebt und regiert in jedem einzelnen von uns.